介護のミ・カ・タ。

荒木由美子
Araki Yumiko

プロローグ――夫の手が母親の首に！

「やめて！」

「あなた、やめて！」

私は大きな声で叫んだ。それは、近所に聞こえるほどの大きな声だった。夫である湯原昌幸の両手が、自分の母親の首にかかった瞬間だった。

「お願いだから、やめて！」

私は急いで湯原の手をふりはらい、二人を引き離した。義母《はは》はまだ「やれるもんなら、やってごらん！」と言わんばかりに、自分の息子の顔をキッと睨《にら》んでいた。湯原は頭の中が真っ白になって、いったい自分が何をしようとしたのか、わからなくなるくらい興奮していた。

それは、義母が呆けはじめて五年ほどたった、ある夜のことだった。

すでに認知症の症状が進んでいた義母は、数日ほど自分の部屋にこもり食事にも出てこない状態が続いていた。私が声をかけてもまったく返事がなく、何が気に入らなくてそうしているのかわからず、困り果てていた。特に夕暮れになると反抗的な態度が強くなり、午後三時くらいには雨戸を閉めて自分の部屋にこもってしまうことが増えていた。

小学生の息子も、認知症による義母の異常な行動を怖がり、別の部屋で食事をとるようになっていた。私もお手上げの状態で、義母の様子をただ見守るしかなかった。

仕事で留守をしていた湯原は、久しぶりに家に帰ってきて、その異常な雰囲気を感じた。それほど、ピリピリした空気が家を包んでいたのだ。

「おふくろは、どうしたんだ。食事をしないのか?」

「ここのところずっと、自分の部屋から出てこないの。私が呼んでも返事がないし……」

私としては、湯原が帰ってきたら義母も機嫌を直して、部屋から出ていっしょに食事をしてくれるのではないかと期待していた。せめて自分の息子の前では、ふつうの姿を見せてくれるのではないかと思っていたが、やはりダメなようだ。

「そうか……。俺が呼んでくるよ」そう言うと、湯原は義母の部屋に行って、「おふくろ! ご飯だよ。部屋から出てこいよ」と言った。

しかし、義母はまったく返事をしない。

何度声をかけても無反応な義母に、湯原もとうとうしびれを切らし、扉を開けて部屋に踏み入った。

「おふくろ！　明かりもつけないで、真っ暗な部屋で何やってるんだよ。由美子が夕飯の用意をしてくれたよ。いっしょにご飯を食べよう！」

湯原が目の前で言っても、義母は何も言わない。

そのうちに湯原がいらだってきて、「おいっ！　おふくろ。いい加減にしろよ！　何が気に入らないんだよ？」と叫びだした。

「このごろ変だよ。いつも由美子に文句を言ったり、反抗したりして。いったい何が不満なんだよ。とにかく居間に来て、三人でちゃんと話をしよう」

湯原は、ハラハラしながら見ている私に向かって「由美子も、来なさい」と言うと、やっと部屋を出てきた義母と三人でテーブルを囲んで座った。

「おふくろ、どうしたんだよ。由美子のどこが気に入らないんだよ。気に入らないことがあるんだったら、はっきり言えよ」

「あなた、もういいの。やめて……」私は、湯原をなだめるように静かに言ったが、湯原はまったく聞かず、何度も義母に向かって問いただすように詰問した。

私はだんだん何も言えなくなり、おろおろと二人のやりとりを見ているだけだった。

その間にも義母はなんだかわけのわからないことを言い出し、湯原をますますイライラさせていた。そのうち湯原が、荒々しい声で「おふくろ、何を言ってるんだよ？　何が不満なんだよ？　由美子は一生懸命に家のことをやったり、おふくろの面倒を見てくれたりしているじゃないか。いったい何が気にくわないんだよ！」と怒鳴ると、義母の方を睨みつけてテーブルを拳《こぶし》でドンドンとたたいた。それに触発されたかのように、義母も湯原を睨み返して「あたしに何かする気かい。やれるもんなら、やってごらん！」と言って上半身を起こし、顎《あご》を突き出すようにして見得を切った。

「なんだよ！」と湯原が立ち上がり、母親の身体に触るようにして近づいた瞬間、その手が首にかかった！

年老いた自分の母親を殴ることも倒すこともできない湯原は、自分でも思いがけず、その振り上げた手を相手の首に当てるしかなかったのだ。

「やめて！　あなた、やめて!!」

驚いた私は、体当たりするように湯原の手を払いのけた。

「やめて……。二人とも、もうやめて！」

私の叫び声は、家の外に聞こえるほどだった。

義母は動じることもなく、冷めた顔で私を見つめていた。

湯原は、自分が何をしようとしたのかわからないほど興奮していた。

どうして、こうなってしまったの？　私はどうしたらよかったの……？

認知症の義母にどれだけ尽くしても、どれだけ話しかけても通じない。こちらが一生懸命に心を配っても、まったく気持ちが通じないのだ。

それればかりか、湯原が母親の首に手をかけなくてはならないほど、家族の気持ちまで荒れ果ててしまった。認知症とは、こんなにも無情なものなのか……。

私も辛いけれど、湯原はどれほど辛い気持ちでいるだろう。

自分の母親が、姿はしっかり存在しているのにすっかり言動がおかしくなってしまい、まるで精神だけがこの世から消滅してしまったかのように存在感がない。

愛している家族だからこそ、一生懸命に話しかけてなんとかしたいと思っているのに、すっかり道理が通じなくなってしまった母親。

悲しくて、悲しくて……、どうしようもなかった。

私は、だれとも喧嘩しないと心に決めていた。たとえ、私のことが憎らしくなるほど呆けてしまった義母でも喧嘩はしたくないし、そんな母親に手をかけようとするほど逆上してしまった夫とも喧嘩したくない。

ここまでなんとか私はがんばってきたのに、それでも実の親子が喧嘩するしかないという現実が待っていた。

私は、どんなことがあっても〝自分が死にたい〟とは考えない。でも、このときだけは〝自分が消えてしまいたい〟と思った。

解決法が何もない、答えが見つけ出せないのだ……。

ただただ、涙がぼろぼろとこぼれ落ち、どうしようもなかった。

湯原も私も、なんとか家族で認知症の義母の世話をしたいと思ってきたが、これではみんなが不幸になってしまう。もう、家で義母を看るのは無理かもしれない。

家族だけで、認知症の義母を受け止めるのは、もう限界だ。

悲しいけれど、仕方がない……。

私たちは、覚悟を決めた。

◎目次

第3章　捨てる勇気もときには必要。自分を信じて

第4章　サインに気づく！

第5章　人格ではなく、病気がそうさせる

第6章　介護している人の決断は間違っていない

第7章　介護する人が元気でいること

第8章　どうにかやり終えよう

第1章

人生、うれしさありがたさ

――九州の大地とあたたかな家族に包まれて。

カギっ子、由美子

私、荒木由美子は吉野ヶ里遺跡からほど近い佐賀県神崎郡で昭和三十五年に生まれ、両親と兄と私の四人家族で育った。
そのころ両親は健康飲料の販売をしており、母親も仕事で忙しかった。だから私はカギっ子で、夕方学校から帰ってくると兄が帰宅するまで一人でおやつを食べたり、宿題をしたりしていた。母の帰宅が遅いときは私が夕飯の買い物や準備をして、兄と二人で食べていた。

由美ちゃんへ　おかえりなさい。
お友だちと遊ぶ前に、宿題をやりなさいね。
今晩は遅いので、八百屋さんで野菜を買って、
お肉屋さんでお肉を買って、何か作って食べなさい。

いつも学校から帰宅すると、母の手紙がテーブルの上にあり、お金が少し入ったがま口が置かれていた。私は母の手紙に従って、買い物をしたり夕飯を作ったりしてい

た。簡単なのは豚カツ、カツを揚げてキャベツの千切りを作って、お味噌汁を添えて、はい、夕飯の出来上がり。

当時の九州の家庭はどこも「男子厨房《ちゅうぼう》に入らず」という風習で、わが家の兄も料理をしなかった。私が一人で作って、二人で食べて、一人で食器を洗うというのが当たり前だった。朝は、お弁当もときどき作っていた。

だから、十歳にしていまと同じように家事をしていたわけである。「九州の女は男性を立てて、自分のことは自分でなんでもやるように」と教わって私は育った。

両親の仕事が忙しくて母の帰宅が遅いときは、私も母宛に手紙を書いて置いていた。

学校で布袋が必要だから、
明後日までに作ってね。

こう書いておくと、どんなに忙しくても約束の日までにしっかりできていた。

母は、ガスコンロが四つあったら、四つ同時に使うような人だった。ゆっくりのんびりやるのではなく、手早くなんでもどんどんこなした。それがどんなに大変なことでも、やらなくてはいけないことはしっかりやる、そういう人だった。

父は、いかにも九州男児を絵に描いたような厳しい人だった。

「他人《ひと》をまたいだらいかん」

「女の子は乱暴な言葉づかいをしちゃいかん」

父がいるときは、食事も父が席に着くまで食べてはいけない。一番風呂も父と決まっている。まさに一昔前の「がんこな父親」像、そのものだった。たぶん当時の九州の家庭は、みんなこんなふうに封建的なところがあったと思う。それもいまでは、私にとっては懐かしい思い出である。


こんな厳しい父だったが、娘である私には優しかった。オーディション番組を受けるときも、芸能界の仕事をしているときも、父はいつでも私の味方になり、応援してくれた。

私の顔立ちが父親によく似ていたことも、父にはよけいにうれしかったのかもしれない。

「人生、うれしさありがたさ」

幼いころ、私はよく父の実家に遊びに行った。私が父に似ていて、父が祖母にそっくりだったから、祖母も自分に似た孫がかわいかったのだろう。いつも別れ際に私の手をとると、ちり紙に包んだお小遣いをくれた。当時は、ティッシュなんていう上等なものはなく、灰色のちょっとごわごわしたちり紙がふつうだった。その紙に包んだお小遣いを手渡すとき、必ず祖母が私に言う言葉があった。

「由美子。人生、うれしさありがたさだよ」

当時の私は、ただ「はい、はい」と言ってお小遣いをもらって喜んでいただけだったが、いまとなればその言葉の意味がよくわかる気がする。

人生には〝苦しい〟と思うことがあっても、それはいつか、すべてその人の糧《かて》になる。本当に苦しいだけのことなんて、なんにもないんだよ。なんでも、「うれしい、ありがとう」と言って受け止めることが大事なんだ。

芸能界で仕事をしているときも、結婚して義母の介護をしているときも、何度もこの言葉を思い出していた。「苦しい」「大変だ」そう思っても、これはすべて「うれしくて、ありがたいこと」なんだと……。

初めてのオーディション

地元のテレビ局である九州朝日放送で、牧伸二さんが司会をする『マキシンのハレハレ555』という、素人のど自慢番組があった。十歳のころ、「あれに出てみようかな」と思い応募ハガキを出した。すると、「予選の案内」という返事が来た。「うわー、大都会の福岡からハガキが来た！」と、これだけでもとてもうれしかった。しかし、すぐに母に見つかってしまい「なんやろか、これは。親に隠れてこんなテレビ番組にハガキば出して、不良のごたっ」と叱られた。

当時、地方に住んでいる家庭はそういうのがふつうだった。だから、親が反対するのも無理はない。特に、母はこうと決めたら絶対に許してくれる人ではなかったので、どんなに私が説得しても、ダメなものはダメだとわかっていた。ましてや、父親に知られたら激しく怒って大変なことになると母は判断し、その前にやめさせようと思ったのだろう。

だから私は、「これは行かないよ。ちょっと出してみただけやけん」と言って、すぐに母に謝った。

しかし、いっしょにハガキを出した友だちが歌の上手い子で、「うちは行くよ」と言う。その子が行くなら、私も行きたい！　と思い、なんとか母にはバレないようにして行こうと決めた。

ところが、私には福岡まで行く交通費がない。お小遣いをひと月にいくらと決めてもらっているわけじゃないから、余分なお金がまったくない。

「困ったな、どうしよう……」

小学生のころ

そこで私は考えた。いつもお夕飯の買い物をするがま口から、百円とか五十円とかちょっとずつ誤魔化《ごまか》して、なんとか往復のお金を貯めた。

さて、次は着ていく洋服だ。もちろん、オーディション用のきれいな洋服を買うことなんかできない。でも、普段着じゃ恥ずかしいし、少しは目立つようなかわいい服が欲しいな。

そのころ近所に裁縫の上手な人がいて、よく私と母はお揃いの洋服を作ってもらった。まるで自分の娘に服を作るように、母と私にステキな服をいろいろ作ってくれたのだ。

「そうだ、あの服がある！」

母がいないときを見計らって、どの服がいいか着替えて選び、やっと当日着ていく服を決めた。

いよいよ、予選の当日になった。こっそり貯めたへそくりを持って、選んでおいたとっておきの服を着て、あとは出かけるばかり。

「さて、どうやって誤魔化して行こうかな……」

「お母さん、お友だちの家に遊びに行ってくるね！」

その日いっしょに行く友だちの名前を出して、彼女の家に行くとウソをついて二人で福岡に出かけたのだ。予選は順調だった。母にバレないように、ちょっとドキドキしながら家に帰った。

ところが！

どう誤魔化しても、親にはバレてしまうものである。予選から間もなく、わが家に合格通知が届いた。封筒に入れて送ってくれれば見つからなかったのに、わざわざ目立つような赤い大きな文字で「合格」と書いたハガキが届いたのだ。

「いつの間に行ったと⁉　あんなにダメだって言うとったのに」

母は、本選に出ることを許してくれなかった。

そこで、私は父に話をした。

「お父さん、実は受かると思わなかったから、お母さんには内緒でお友だちと行ったと。そしたら受かっちゃった。せっかくやけん、本選も受けたいんだけどテレビに出ること許してくれる？」

「そうか。由美子が行きたいんやったら、行ってもよか、よか」

「ありがとう！　お父さん。でも、一人じゃいけないし、お母さんが反対しているから、お父さんいっしょについてきて？」

「大丈夫やけん。友だちと行っておいで」

父は、どうせ一回の思い出だから……と許してくれたのだ。

こうしてやっと父の許しを得たころ、九州朝日放送から電話がかかってきた。

「荒木さんのお宅ですか。先日、番組の予選を受けに来てくれた由美子ちゃんにお願いがあるんですが……」

プロデューサーの話では、当時福岡を本拠地にしていたプロ野球チーム「太平洋クラブライオンズ」が『激励の夕べ』を行うので、そのイベントのマスコットガールとして手伝ってほしい、ということだった。

花束贈呈や監督紹介などを行い、さらに選手とのデュエットをした。まだ小学生の私には、当然デュエットで歌える歌などわからず、選手の希望の歌をいっしょに歌うのが精一杯だった。ある意味これが、私の初舞台だった。

そして、のど自慢番組に出演した。

その後も、このとき番組でお世話になったプロデューサーから「またイベントがあるから手伝ってください」とお話があり、徐々にいろいろなイベントに参加するようになっていった。

母は基本的に、私のイベント参加に否定的だったから、いまどきの「子役さん」たちのようにステージママとして面倒をみてくれることはなかった。相変わらず私はカギっ子として、放任主義のままのびのびと育っていった。

それでもこのプロデューサーのように、私の周りには世話をしてくれる人が現れてくれて、しかもみな良い人たちばかりだった。そのことに私は、いまでもとても感謝している。

第2章

チャンスはある。待つより掴みにいこう

「ホリプロタレントスカウトキャラバン」をきっかけに芸能界へ。

「第一回　ホリプロタレントスカウトキャラバン」

十六歳になるころには、地元テレビ局のイベントに出演するようになっていた。そのころは母もすっかり慣れて、「来てください」と頼まれれば「はい、わかりました」と返事をして、いっしょに付き添ってくれた。

当時、『スター誕生』や『君こそスターだ！』というオーディション番組が流行っていて、山口百恵さんや桜田淳子さんや森昌子さんたちアイドルが次々に誕生していた。

私は、芸能界にとても興味があった。しかし、『スター誕生』に出ようとは思わなかった。私と同じタイプの人はもう大勢合格していて、そこに私が出場しても受かるような気がしなかったのだ。だから、ほかにもっと私に向いたオーディションがないかと、雑誌やテレビを見ながらずいぶん探していた。しかし、なかなか「これだ！」と思うものが見つからなかった。

そんなある日、いつもの九州朝日放送から電話がかかってきた。

「ホリプロが『タレントスカウトキャラバン』という全国規模のオーディションを企

画しています。第一回なので大々的にやりたいということで、主要都市からは有望な人を推薦してほしいと言われました。そこで、九州地区ではぜひ荒木由美子ちゃんを推したいのですが……」

私は「これだ！」と思った。きっとこれが、私の夢の第一歩になる！　と直感した。

母は相変わらずいい顔をしなかったが、一人で行かせるわけにもいかないからと地区予選に付き添ってくれた。

「きっとすぐ落ちるやろ」母がそう言うので、自分が歌うオーディション用のカラオケテープを一曲しか持っていかなかった。ところが、母の思惑《おもわく》ははずれ一次審査を通過し、二次審査まで進んだ。別の歌を用意していなかったから、歌本を見せてもらいながら即興で歌うことにした。アコーディオンの先生に相談したら「君なら、ちょっと大人びたポップス演歌を歌うのもおもしろいね」と言われ、小川順子さんの『過ち』を歌った。

結局、私は最終審査の三人まで残った。

母は「もう帰ろう。結果発表なんか、見ることはなか！」と言い出した。「そんなのイヤ！　最後までちゃんと結果を知りたい」と私が言い、親子喧嘩になった。

そして、私は九州予選を通過し、いよいよ全国大会に行くことになった。

もちろん母は、私が全国大会に行くことに大反対だった。

母親が、娘のオーディションにくっついて東京へ行くなんて恥ずかしい。荒木家親戚一同の手前、とてもそんなことはできないというのだ。

確かに、当時の多くの家庭は、そう考えても仕方がなかった。特に、私のような九州の田舎の家庭では、東京で芸能活動をするなんて、考えられないことだっただろう。

しかし、私はどうしてもあきらめることができず、父に「これが最後の挑戦だから、いっしょに行って！」とお願いした。父は「由美子がそがんに言うんなら……」ということで、付き添ってくれることになった。

母親には父が、由美子も一度挑戦したらあきらめるだろうと説得してくれた。母は「じゃあ、これが最後よ。それに、父親が付き添ったとなら、親戚にも面目が立つやろ」と言って、しぶしぶ許してくれた。

そのころ金沢にいた兄は、私が父と二人で東京へオーディションを受けに行くと知るととても心配し駆けつけてくれた。こうして、本選には父親と兄が付いて来てくれた。

全国大会には十二人が出場し、みな母親が付き添っていた。いわゆる〝ステージママ〟といった感じで、出場する子どもの服装やヘアメイクなど事細かに世話をやいていた。しかし父と兄は男だから、私といっしょに女性用楽屋に入ることもできず、仕方なく三人で廊下にいた。

するともう一組、父親といっしょに来ている女の子がいた。それが、榊原郁恵ちゃんだった。彼女の家庭もオーディション参加にあまり賛成していなくて、「本選まで来たことが夢のような話だから、どうしても出場したい」と頼んで、お父さんに来てもらったそうだ。

周りがみんな華やかな雰囲気に包まれているなか、私は父と兄と三人でぼんやりしているだけで、だんだん心が沈んできた。「でも、せっかくここまで来たんだから、大好きな歌だけは堂々と歌おう！」と決めて、オーディションに向かった。

一次審査を無事に通過して、二次審査になった。

ところが、これが大変！

なんと、二次審査の内容はお芝居だった。もともと私は歌手希望だし、芝居の経験なんてないから、どうしたらいいのかまったくわからない。おまけに九州訛《なま》りがひどくて、とてもセリフを言うことなんてできない。緊張と訛りでガチガチになった私は、イントネーションもメチャクチャで田舎者丸出し。

「あー、これはもうダメだ。大失敗！　でも、ここで落ちるんだったら仕方ない。あきらめよう」

私は覚悟を決めた。

そして結局、「第一回ホリプロタレントスカウトキャラバン」のチャンピオンは、榊原郁恵ちゃんに決まった。そして私は、審査員特別賞をいただいた。

「さあ、これで九州に帰ろう」と思っていたら、「レコード会社から歌手デビューの話が来ていますがどうですか？」と言われた。「すぐに打ち合わせしたいので、明日にでもホリプロに来てください」というのだ。翌日、私は父と事務所へ行った。

「本日は、ぜひ荒木由美子ちゃんをデビューさせたいという『キャニオンレコード』の担当者もいらしています」と、どんどん話が進み、瞬《また》く間に歌手デビューの話が決まった。

さて、問題は母である。この時点で、母にはまだ話していない。

父と「どうやって、お母さんを説得しようか……」と帰りの飛行機の中で悩んだ。

「お母さんには、由美子から話してもきっと頭ごなしに反対するだけで、落ち着いて聞いてもらえんやろう。お父さんから説明するけん、由美子は話さんでよか」と言ってくれた。

佐賀に戻ると、チャンピオンにはなれず審査員特別賞をもらったことだけ母に報告した。私はそれっきり東京のこともデビューのことも話さず、何事もなかったように学校へ通い平静を装っていた。しかし内心は、「早く転校の手続きをして、東京へ行きたい」と気もそぞろだった。

その間に父は、何日もかけて母をゆっくりと説得してくれた。

実は、父は昔から浪曲が好きで、自分も夢に挑戦したことがあった。しかし当時、一家の長男が実家を出て芸能の夢を追うことなんて、とても許されなかったのだ。そんな自分の経験があったからこそ、父は私のことを応援してくれたのかもしれない。「由美子も、一回自分の思い通りにやってみれば気がすむやろう」ということになった。

もしも、東京に付き添ってきたのが父や兄じゃなくて母だったら、きっとあそこで断っていただろう。「荒木家の手前、娘を芸能界に出すことなんて許されません」と言って。

しかし、父と兄は「由美子が、こんなにやりたいって言ってるんだから……」と賛成してくれた。だからこそ、〝芸能人・荒木由美子〟が誕生し、そして湯原昌幸と結婚して生活している現在《いま》があるのだ。

こうして、私の芸能界入りを応援してくれた父ではあるが、実は本心では「まだ由美子は十六歳で若いから、いまのうちにやりたいことに挑戦させて、二十歳くらいまで様子を見てもいいだろう」と思っていたそうだ。「芸能活動がうまくいかなくても、二十歳だったら短大を卒業した女の子たちと同じくらいで、まだまだ次の人生を選べる年だ。若いうちに一つの思い出としてやらせてあげてもいいんじゃないか」そんなふうに母を説得してくれたようだ。

でも当時の私は、まったく帰る気なんてなかった。「たとえ芸能界で売れなくても、私は東京で暮らしていく！」と決めていた。それこそ、「荒木家が……、荒木家が……」と言われているのに、のこのこ帰れるわけがない。だからこそ、私は帰れない。「帰りたくても、帰れない」そう覚悟して、私は東京に出て、そして真剣に芸能活動にとりくんだ。

これが芸能人？

いよいよ上京することになった。

やっぱり上京するときも、父が付き添ってくれた。母は私の芸能界入りになんとか納得してくれたが、それでも諸手をあげて賛成してくれたわけではない。だから私は、「もうなんでも、自分一人の力でやらなくてはいけない。母に甘えてはいられない」と心に誓った。


東京では、事務所の寮で生活することになった。寮といっても、大きな会社の寮のようなものではなく、ふつうの一戸建ての一部屋に暮らすのだ。隣には社長の家がある。そこに、芸能人を目指す女の子たちが数人いっしょに住んで生活するという、こぢんまりしたものだ。

寮では、管理人のおばさんが私たちの世話をしてくれた。みんな昨日まで全部親に面倒をみてもらっていたような女の子たちだったから、「おばちゃん、これやって」「おばちゃん、コレ食べられない」と甘えていた。

食べられない？　出されたものを全部食べることは、もしかしたら食いしん坊みたいで恥ずかしいことなのかなあ。そんなこと、いままで一度も考えたことがなかった。出されたものを、なんでもありがたくいただくのが当たり前だったから。

なによりも、食事を作ってくれたり世話をしてくれたりするだけでも、十分ありがたい。正直なところ、家事をしないですむぶん家にいるときよりもずっと楽だと思っていた。

さらに周りの娘たちは、家からいろいろ送ってもらったり、買ってもらったりしていた。私の場合は、家が遠いし簡単に両親に会うこともできない。甘えるところなど、どこにもないのだ。「寂しい」とか「帰りたい」とか、そんな郷愁に浸っている暇もなく、自分で自分の身の回りのことをなんでもやっていた。

でも、こんなふうに自立できる力を与えてくれたのは、ある意味両親のおかげだと感謝している。

寮での生活は、学校とレッスン通いの毎日だった。

学校が終わるとその足でレッスンに行って、夜十時ごろ寮に戻る。不慣れな東京での生活ということもあって、私はもう毎日クタクタだった。

それでも、寮での生活は、私にいろいろなことを考えさせた。同じように寮生活をしているのになかなかデビューさせてもらえず悶々《もんもん》としている娘や、イライラしておばさんにあたる娘。

私はデビューできたけれど、自分のことで忙しく彼女たちを気遣う余裕もなく、賞レースでライバルたちと競い合わなくてはいけない状況だった。まだ中学生や高校生なのに、みんな〝大人の社会〟の現実に立たされていた。


だれでも〝芸能界〟というと、派手なイメージがあるだろう。

そのなかで、自分がスターとしてきらびやかな世界で常に注目されていたい、そう考えるのがふつうだ。あるいは、ライバルに負けないようにもっと売れて、もっと有名になりたい。

しかし私は不思議と、焦ったりがっかりしたりと一喜一憂することもなく、比較的冷静な気持ちのまま「好きな仕事なんだから一生懸命やろう」と思うだけだった。〝芸能界への憧れ〟は、確かにあった。しかしなぜか、〝うかれる〟ことはなかった。自分でも、どうしてそんなに落ち着いていたのかわからない。もしかしたらある意味、良くも悪くもうかれていたら、もっと長く芸能界で生きていたのかもしれない。

芸能界の仕事は、とても忙しく大変だった。

ときには、一日で大阪まで二往復することもあった。朝から大阪へ向かい、昼に一

デビューしたころ

番組収録する。すぐ東京に戻り、仕事をこなしてから、また夕方大阪に着くように移動する。一日中着替えをする暇もなくて、衣装の上にコートをひっかけたまま移動していた。だから、レコーディングは夜中しかやったことがなかった。深夜十二時以降だ。ＣＭ撮影も夜中。そんなふうだから、私はよくセットの中で寝てしまうことがあった。照明がガンガンあたっていても「フィルム交換します」というほんのわずかの間に、もう寝ていた。私ですらそうだったのだから、あの山口百恵さんたちのスケジュールは想像を超える。

芸能界の仕事をするとき、私の周りにはマネージャーやスタッフなど多くの人たちがいた。しかし、実際にやるのは自分自身なのだ。「本番！」の声がかかればどんなに疲れていても、笑顔で歌ったり演技をしたりしなくてはいけない。

この経験が、その後の私に「どんな辛いことでもがんばろう」という勇気と自信を与えてくれることになった。

　私はいつも、「マネージャーといっしょにいても、いつどこでどんなハプニングが起きるかわからないから」と、必ず自分の財布に十万円を入れて持っていた。毎週土曜日に日本各地で生放送の司会をしていたので、移動中の飛行機や新幹線で何かあって到着できなかったり、万が一トラブルがあって自分一人になったりしても、次の仕事場まで必ず行けるようにと用意していたのだ。

　だれに教わったわけでもない。自然に、「自分のことは自分で責任を持ってやらなくては」と思っていた。私が到着できなかったら、迷惑をかけてしまう人が大勢いる、いつでもそんな緊張感を持って仕事をしていた。

　仕事を始めて三か月経ったころ、十七歳の七月七日、私は盲腸で入院した。それまでずっとスケジュールがいっぱいだったから、薬を飲んで我慢していた。ようやく五日間だけスケジュールを空けてもらうと、フジテレビの『クイズ・ドレミファドン！』の収録終了と同時に、すぐ東京女子医大に運ばれて、次の日に手術を受けた。

　こんなときでも、両親は共働きで九州にいるから簡単には上京できない。マネージャーも男性だから、女の子の入院生活にはあまり役立たない。そんなときに、ホリプロの女性スタッフやほかの事務所の女性マネージャーが、「由美ちゃん、これ使いなさい」と言って、パジャマや必要品を買って持ってきてくれた。本当にありがたかった。次々にいろんな人がお見舞いに来てくれたり、世話をしてくれたりして、とてもうれしかった。「七夕に一人ぼっちか。やっぱり、親は来ないんだな……」と、ちょっぴり寂しくなっていたところにみんなが助けに来てくれて、私を支えたり励ましたりしてくれた。

このように私は多くの人に出会い、多くの人に支えてもらった。このことに心から感謝している。そしてこの経験が、私のその後の人生を支えてくれた。

そしてもう一つ、私を支えてくれたものがある。それは、デビュー間もない私に父が出してくれた手紙だ。

雄々《おお》しい文字で書かれた父の筆を見るたびに、「自分らしくがんばろう」といまでも思う。

1/10 夕

稲の匂いのする朝の国道三十四号線にも、家の前の道にも
雪が降るっては此の頃で、テレビ、新聞、等で見る
東京も寒いねが君の人生にも哀、冬だろうと
想う、無言のままうなずく君の顔が見え
る、だが自分から飛んで行った、人生の旅、
人生の旅は季節と同じです、寒い、冬のは
もあれば時期が来れば稲の匂いのする、白
い蝶が舞い、春には、ひばりが舞
い上る、夏のはもある、君には歌だけ
自然に君の体内から歌、メロディーが湧き出
る様な歌、手になってくれ、

頑張れ、

KOB

困難を打開できると言ふ
信念を持たない者はだめ、
負け惜しみと言っても後の
祭り、事遅き、
毎日が自分の人生の最後
の日だと思って死の淵に立
つもりで頑張れ、
春の日も来ます、

継生

第３章

捨てる勇気もときには必要。
自分を信じて

——結婚とともに、芸能界を引退。

「俺のところへこい」

私が〝将来の夫となる湯原昌幸〟と初めて出会ったのは、歌手デビューする前のことだった。私の正式な歌手デビューは、昭和五十二年六月十日。その一か月ほど前の「博多どんたく港まつり」が、九州出身の私にふさわしいと初舞台になった。

そしてここで出会ったのが、芸能界の先輩である湯原昌幸さんだった。

そのときの湯原さんに対する私の印象は、決して良いものではなかった。

そのころ私は、歌手デビューの前にメリットシャンプー（花王）のコマーシャルに出演していた。肩をポンと軽くたたかれると、振り返って「もうフケ、なしね」というものだ。

デビューのお披露目を兼ねた地元での初舞台に、私はとても緊張していた。そんな姿を見た湯原さんが、「あ、コマーシャルの子だ。初めてで緊張しているんだね。少し笑わせて、緊張をほぐしてあげよう」と、コマーシャルと同じように私の肩を軽くポンとたたいたのだ。

ところが私は、スタッフとの打ち合わせを聞きもらしてはいけないと緊張していたところに、いきなり男性から肩をたたかれビックリしてしまいキッと睨んでしまった（と湯原は言うが、私はビックリしただけだと思う）。湯原さんは、まさかそんなに睨まれると思わなかったから「こいつはスゴイ娘だ」と感じたという。

私の方は初舞台の緊張でそれどころではなかったし、なによりも「女の子は知らない男性と、気やすく馴れ馴れしくしてはいけません」という九州気質の中で育ったから、「いったいなんなの！　この先輩は急に」と衝撃だったのだ。

東京に出てきてからも、寮と事務所とレッスン場の往復で、男の子と知り合う余裕なんてなかった。仕事でいろいろなところへ行くのもすべてマネージャーがいっしょで、男女交際なんて御法度《ごはっと》だった。

やがて二十歳になったころ、歌番組で久しぶりに湯原さんと会った。

「おー、由美子、元気か！　大人になったなー」

さすがにそのころは私も、湯原さんのことをほかの大勢のタレントやスタッフのみなさんと同じように、芸能界の良き先輩として尊敬していた。

「もう高校を卒業して成人になったんだから、みんなで食事でも行ってお酒のひとつでも覚えたらどうだ」

私は、高校生のころと変わらず「お酒飲めませんから」なんて真面目に返事をした。

あるときホリプロ主催のショーがあり、事務所の重役もいる場所で湯原さんやほかのタレントさんたちが私を見て、「由美子もこのままにしておいたら子どものままだから、少しは大人たちといっしょに食事や映画でも付き合うようにさせて、脱皮させなきゃダメですよ（笑）」なんて言いながら、みんなで食事に行くことになった。「事務所も、あんまりガードを固くしちゃうとよくないよ。由美ちゃん、寮にこもってばかりいると、みんなから誘われなくなっちゃうよ」「じゃ、湯原さんなら間違いないだろうし、たまにはみんなで誘ってあげてくださいよ」なんて、マネージャーたちがいる場所で会話をした。

湯原さんのことは芸能界の大先輩だし、若い男の子のような恋愛の対象として考えたこともなく、「じゃ、よろしくお願いします」なんて笑ってその場はすまし、特にそれ以上のことを意識することはなかった。湯原さんの方は、「この子は良い子だな」という感じで、私のことを〝好印象〟として思ってくれたようだ。

ただ、湯原さんは自分と結婚するとか関係なく、「この子は、あまり長いこと芸能界にいないで、早くふつうのお嬢さんとして結婚した方がいいんじゃないかな」と思っていたらしい。

ドラマのロケで長崎に行ったとき、食事を終えて帰ろうとしたら、宴会をやっている会場の扉が開いていて部屋の中が見えた。

「あ、由美子。こっちこい！」

その番組プロデューサーで、よく私をかわいがってくれている人だった。「私はお酒も飲めないし、明日早いので部屋に帰ります」と言ったら、「三十分だけここにいなさい」と、プロデューサーが言う。「じゃ、三十分だけおじゃまします」と部屋に入った。みんな酔っぱらって盛り上がっていて、そこに湯原さんがいた。

するとと何を間違えたのか、彼が酔っぱらってこう言ったのだ。

「由美子。いま仕事で忙しいのはわかるけど、三年くらいしたら俺のところへ戻ってこい！」

私は、ビックリしてしまった。

プロデューサーが「マー坊、本当は好きなんだろ（笑）」と、からかうように言ったら、湯原さんは真っ赤になってしまった。


それからも、ときどき湯原さんから寮に電話がかかってきた。私の方は相変わらず、湯原さんのことを親しい先輩で、特別な恋愛対象とは考えてはいなかった。

「由美子さん！　湯原昌幸さんから電話が入っていますけど、つなぎませんよ」と言われて、「あ、はい。特別な用事じゃないと思いますから」と返事をしていた。

当時はマネージャーも含めて、よく湯原さんやほかの人たちと映画を見に行ったり食事に行ったりしていた。

そんなとき、「あれ、湯原さんってひょっとしたら……、私のことを本当に好きなのかな……?」とときどき思うこともあった。

そうこうするうちに、事務所が急に「湯原さんが由美子のことを、恋愛対象として想っていたらマズイぞ」と考えたらしく、「由美子、わかっているな！（男性とのお付き合いはダメだぞ）」と言い出した。

「大丈夫です、全然そんなんじゃないですから。そんなふうに怪しんだら、湯原さんに対して失礼ですよ」と答えた。そのころの私は、お付き合いをしている感覚はなかった。

しかし、どうやら、彼は本気だったらしい。

事務所はすっかり用心して、私と湯原さんを近づけないようにした。同じ番組に出演しないように、仕事を調節して二人が会う機会を作らないようにしたらしい。

私は「あれ、最近湯原さんとの仕事、減っているな……」と不思議に思っていた。

そのうちに、もともと彼が準レギュラーだった番組で、私が出演するときには彼の名前が消してあることに気づいた。

「あれ、もしかして私のせいで、湯原さんに（仕事を減らすなど）迷惑をかけているんじゃないかしら。これは、二人だけの問題ではすまなくなってしまう！」と責任を感じた。

そのころ、正月番組で九州に何日か帰ることがあった。すると母が、「由美子の番組を見よったけど、湯原さんは由美子のことを好きじゃないと？」と言い出した。

「湯原さんて、結婚しとんしゃらんと？」

母に言われて「あれ？」と思った私は、彼に電話をした。

「湯原さん、私、九州へ帰ったとき母に言われたことがあって、改めて聞きたいことがあるんです。湯原さんて、おいくつでしたっけ？」

このとき初めて、彼が私より十三歳も年上であることを知った。

「湯原さん、結婚してましたっけ？　事務所が湯原さんとの仕事を遠ざけているみたいで、このままではいけないと思うので、はっきり聞きますね。私のことを、どう思っていますか？」

「俺は、由美子のことをとても良い娘だと思っているよ。できれば、真剣にお付き合いをしたい」と言うのだ。

実は湯原さんは、いつ正式に申し込もうかと考えていたらしい。しかし、私の仕事がのっているときで張り切ってやっていたから、中途半端に声をかけて迷わせてはいけないし、どんなタイミングで言うのがいいか悩んでいたのだ。

私は彼の告白にビックリしたが、その潔《いさぎよ》さに心を打たれた。


それまでにも「お付き合いしたい」と言ってくれる男性はいた。カッコいい人や優しい人もいたけれど、湯原さんはその真剣さがまるで違っていた。

「私のことを、本当に大切に思ってくれているんだ……」と、彼の大人としての態度や責任感に感動した。そして私も、彼に真面目に返事をした。

「私の家族は九州にいて遠いから、いざというときは自分で自分の身を守らなくちゃいけないし、なんでも自分で慎重に判断してきました。もちろん、仕事のことは事務所が守ってくれるけれど、プライベートなことは自分の責任だと思っています。だから私と付き合いたいというのが、もしも軽いお遊びのような気持ちだったらやめてください。生意気なようで申し訳ないけれど……。もしも、結婚を前提とした本気のお付き合いなら、私も真剣に考えます」

湯原さんは「俺がおまえを騙すわけがないだろう」と言って、本気だと話してくれた。

そんなこともあって湯原さんは、「この娘には、ちゃんと早いうちにプロポーズをしてあげた方がいいな」と思ったのだろう、彼はまもなく正式に求婚してくれた。

父への八枚の手紙

結婚の件を両親に話そうと思ったころ、父が脳血栓《けっせん》で倒れてしまった。ちょうど休みが二日とれたので、お見舞いを兼ねて話をしに帰った。事務所には、まだ結婚について話していなかったが、こんなときでもないと忙しくて九州に帰れないと思ってすぐに向かった。

しかし、病院のベッドで横になっている父を見たら、うまく話せなくなってしまった。それまで九州男児としてずっと気丈に生きてきた父が、病で体が不自由になってしまい、とても不安そうだったのだ。

こんなときこそ家族にそばにいてほしいと思うのに、かわいがっていた娘がお嫁に行ってしまうのは寂しいはず。しかもあれほど大騒ぎして、父が味方になってくれてやっと入った芸能界だから、もっとがんばって続けてほしいと思っているに決まっている。

こんなときに、どうやって話を切り出したらいいのだろう。

思い悩んだ私は、父宛てに手紙を書くことにした。

病院にお見舞いをした夜、実家の部屋で父に向けて自分の素直な気持ちを一生懸命綴った。何度も何度も書き直して、やっと出来上がったときには、なんと八枚にもなっていた。なんて書いたのか具体的なことは忘れてしまったけれど、とにかく自分の素直な気持ちを書いていたら八枚にもなってしまったことが印象深かった。


次の日、その厚い手紙を持って、家族みんなで病院へ行った。母や兄にも、その手紙を読んでもらって私の気持ちを理解してもらった。

「これ以上の言葉はないんだけど、賛成してくれる？」と母たちに言うと、兄が「由美子、あと一年か二年待てないか」と聞いた。

「俺たちは、由美子の気持ちはわかった。ただ、お父さんは倒れたばっかりだから、あんまり刺激したくないんだ。結婚はおめでたいことでうれしいことなんだけど、いまは由美子の仕事も調子がいいし、あと一年か二年待てないのか？」

いまは、あきらめようか……。いや、ここであきらめたら、きっと湯原さんとの縁はなくなってしまう。

「私もこの結論を出すまでに、大変な覚悟をして決めたのだから、結婚するなら、このタイミングしかないと思う。もしも延ばしてしまったら、湯原さんとは結婚できなくなる気がする……」と話した。

病室では父とふつうに話をして、帰るときに「じゃあ、またね。それから、この手紙を読んでね」と言って、便箋八枚に綴った手紙の入った封筒を手渡して部屋を出た。

その後、父から特に連絡はなかった。

仁王立ちの父

東京に戻ると、すぐ湯原さんに九州でのことを報告した。父のこと、兄の考え、そしてこの機会を逃すと湯原さんとの縁はなくなると思っていることなど……。湯原さんはすぐ「俺も九州へ行って、ご家族にあいさつしなくちゃいけないな」と言い出した。

まだ事務所にも話していなかったので、私の休みに湯原さんがあわせて休みをとってくれて、こっそり二人で九州へ向かった。

父は、退院していた。

私は湯原さんに言った。「父は、病気のせいで言葉がうまく出ないと思うの。しかも九州の人で気性が荒いから、きっと結婚を許してほしいと言っても『ダメだ』と思ったら、手が出るかもしれない。つまり、いきなり一発殴って『帰れ！』ってこともあるかもしれない。申し訳ないけれど覚悟しててね」

空港を出てまもなく、自宅に電話をした。

「いまタクシーに乗ったから、あと一時間くらいで着きます」

父は、この電話を受け取ったときから玄関に行き、立って待っていた。その姿を見た母と兄も、「きっと『帰れ！』と言って、一発殴るつもりだ」と思ったらしい。

病院で渡した手紙について、父は母にも私にも何も言わなかった。私からは怖くて聞けないから、母に「お父さんの体の具合はどう？」と聞くのが精一杯だった。

とうとう、家の前に着いた。すりガラスの向こうに、父が杖をついて立っている姿がうっすら見える。

「これは（一発殴りに）来るな」湯原さんがつぶやく。

「でも殴ったら、それですむからね……」私が湯原さんに返す。

ガラガラ……。湯原さんが覚悟をして、玄関の引き戸を開ける。

「こんにちは」

「上がりなさい」父が静かに言う。

あぁ……、これで大丈夫だ……。

私は、ちょっと安心した。

部屋に行くと、父が母にお茶をいれさせた。それは父が大好きな特上のお茶で、めったにいれないものだった。

もしかしてこれは、私たちの結婚を認めて歓迎するということかな。

「夕飯ば、いっしょに食べていきなさい」父が言う。

私と湯原さんは「はい」と言ったが、そのまま黙って夕飯の時間まで部屋にじっとしているのも間が持たないので、近所を散歩することにした。

といっても、まだ堂々と二人で歩けるわけではない。母が「帽子かぶって、はんてんでも着て、田んぼのあぜ道ば歩いとったらわからんよ」と言う。寒い時季だったので、母の言う通りの格好をして、人気のないところをゆっくりと散歩をした。

「大丈夫だよ、俺がちゃんとお父さんに正式なあいさつをするから。由美子は、何も心配いらないよ」湯原さんが、私を安心させるように言う。

「ここまで来たんだから、俺が由美子にきちんと言ったように、君の家族にもきちん

婚約を発表したときは夫となる湯原昌幸と記者会見をした

と『結婚させてください』って言うからね」

一時間ほどたったころだろうか、私たちは家に戻った。

部屋に入ると、会席料理がセットされていた。父は不自由な足を片方伸ばして、無理な姿勢のまま和室に座ると、私たちに「席に着きなさい」と言った。

二人並んで正座し、湯原さんがあいさつをしようとしたとき、急に父が不自由な方の足もたたんで、正座をし直した。

部屋中に緊張が張りつめ、湯原さんも私も、父を見つめた。

父が「ふぅ……」と一つ大きな息をつくと、もう一度姿勢を正して静かに言った。

「湯原君、こんな娘でよかったら、どうぞよろしくお願いします」

私も湯原さんもうれしさと、そして父の切なさが胸をつき、涙がぼろぼろこぼれた。

湯原さんは「お父さん、ありがとうございます。僕は今日、お父さんが玄関に立っている姿を見たときに、これは一発殴られるぞと思って覚悟しました。でも、僕はどうしても由美子さんといっしょになって、彼女を幸せにしたいと思ったので、殴られてもなんでもお願いしようと思っていました。お父さん、由美子さんと結婚させてください」と父に頭を下げた。

「湯原君、私は由美子を東京に出したときに、もうホリプロにお嫁にやったつもりでいたんだよ。私たちの手から飛び出して、自分の道を見つけるんだと。湯原君が由美子のことを、それほど大切に思ってくれているなら、もう何も言わなくていいんだよ」

父が優しく言った。


父と娘としてそばにいられた時間は十六年しかなかったけれど、離れていてもいつでも父は私のことを見守り幸せを祈ってくれていたんだと、いまでも強く思う。

第４章　サインに気づく！

何気ない日常も、変化に気づくことは大切。

顔つきが変わった、怒りっぽくなった、好きだったことに無関心になった、同じものばかり買ってくる――。

あれは姑からのサインだったのだ。

義母の発病

湯原さんの母親は、下町育ちのシャキシャキした人だった。私と湯原さんと三人で初めて会ったとき、着物姿で現れた義母は私のことを見定めるように静かに見つめた。「まだ若い芸能人のアイドルに、はたして嫁が務まるだろうか？」と思ったのかもしれない。やがて何か納得したような顔をすると、和やかに話し出した。

親一人子一人で育った湯原さんは、昔から母親との同居が結婚の条件だった。私はそのことを、まったくいとわなかった。

私が「どうぞ、よろしくお願いします」と言うと、嫁として迎え入れることを認めてくれたようだった。

やがて、湯原さんのお母さんは私のことを「由美ちゃん」と呼び、とてもかわいがってくれるようになった。六十六歳の義母にとって二十三歳の私は、まるで孫のような存在だったのかもしれない。

一九八三年九月十六日、私は湯原と入籍した。実家近くの佐嘉《さが》神社で式を挙げると、東京に戻ってから九月二十八日に盛大な結婚披露宴を行った。二人の友人や知人など関係者が大勢集まり、私は幸せの真っただ中にいた。

　湯原の仕事が忙しくすぐには新婚旅行へ行けなかったので、披露宴を終えるとそのまま三人の生活が始まった。


　周りの人たちは、私と湯原が十三も年齢が違うから「きっと湯原さんは由美子ちゃんのことがかわいくて仕方なくて、なんでも優しく面倒をみてくれるでしょ」なんて言われたりした。

　確かに湯原は優しい人だが、私を甘やかすようなことはなかった。私は多忙な夫を支える妻として、不慣れな結婚生活のなかで一生懸命に家事をこなしていた。

　新婚生活開始から二週間たったある日、三人で夕飯を食べようと食卓についたとき、義母が脚をさすりながら痛みを訴えた。

「由美ちゃん、なんだか脚がしびれて痛いのよ……」

「どうしたの？」と言って急いで義母の脚を見ると、真っ白く冷たくなっていた。

「どうしたの！　お義母さん[※1]」私は叫びそうなほどびっくりした。

　義母の脚はまるでろう人形のように硬く、とても人間の脚とは思えないほど血の気がなかった。

「これはなに？　すぐ、病院へ行きましょう！」

食事どころではない。すぐに支度をすると、湯原に病院へ連れて行ってもらい診察を受けた。

「お母さまの脚は、血管[※2]が詰まっています。すぐに手術をして、血栓[※3]を取り除かなくてはいけません」

医者の言葉に、私と湯原は驚いた。私は、何がなんだかわからないまま、急いで入院と手術の仕度をした。

なんで、こうなったの？　私はどうしたらいいの？

でも、ここで私がうろたえていたら義母がもっと心配してしまう。こんなときこそ、私ががんばって義母を支えなくては……。

ここから義母の、最初の入院生活が始まった。

最初の覚悟

入院って何を用意すればいいの？
手術の手続きはどうするの？

何もわからないまま無我夢中で言われるままに支度をして、病院と家を往復する生活が始まった。

ただでさえまだ手探りの結婚生活で、部屋の中には私の荷物が段ボールのまま積んであるような状況なのに、突然の義母の入院と手術で、私には動揺の日々だった。それでも時間は待ってくれない。悩む間もなく次から次にやらなくてはいけないことが来るから、目の前の課題をこなすのに精一杯だった。

「もっとステキな新婚生活になると思っていた」とか、「こんなに慌ただしい毎日なんてイヤだ」とか、そんなことを言っている暇もない。私がこの生活を選ぶとか選ばないではなく、やらざるを得ないのだ。

どうせやるのなら一生懸命に心をこめて、自分にできる限りのことをしよう。そう覚悟した。

それが、新婚二週間目の私の覚悟だった。

入院中の義母は、手術や治療の日々で心細かったのか、私がお見舞いに行くのだけを楽しみにしていた。

「病院のご飯がおいしくないの。由美ちゃんの作ってくれたものが食べたい」と義母が言うので、毎日おかずを作って持って行った。それは、義母の私への愛情というか甘えたい気持ちなのだろうが、さすがにだんだん疲れてきた。

そもそも、結婚してから新婚旅行にも行かないままいきなりの病院通いとお弁当作りとで、一か月を過ぎたころには疲労困憊《こんぱい》していた。

そんなときに、親戚が「あなた、少し休んだ方がいいわよ」と心配してくれた。「結婚してまだ新しい生活に慣れないうちに、いきなりの病院通いで看病したり食事作ったりじゃ、あなたがまいっちゃうわよ。新婚旅行も行ってないんだから、二、三日くらい二人でどこかへ出かけてきたら」と言ってくれた。

湯原も、「そうしようよ」と言うので、以前から持っていたグアム旅行のチケットを使って二人で出かけることにした。

グアムのホテルに着いたとき、私は気が抜けたようにベッドに倒れこみ熟睡した。張り詰めていた心と体が解放されていくのを感じた。新婚旅行というより、とにかく自分の体を休めるだけで精一杯だった。

そしてまた、介護の日々へ戻っていった。

生活習慣病だった！

義母の病気は、糖尿病※4が原因だった。そのせいで血管がもろくなり、末梢《まっしょう》神経にしびれを起こしていたのだ。

糖尿病で大切なのは、毎日の食事管理である。ということで、栄養士から指導を受けてカロリーの勉強をした。

幼いころから夕飯作りなどしていたので、ひと通りの食事は作れたが、それでも結婚する前日まで芸能界の仕事をしていた私は、家事をこなすだけでも精一杯。そんなところへきて、カロリー計算をして三食用意するのだから、慣れるまで大変だった。

義母は二か月ほどで退院したが、家に戻ってからも食事管理や薬を飲むことはずっと続くことになった。家で三人で食事をするときも、義母の献立だけカロリー控えめで、私たちだけこってりしたお肉をむしゃむしゃ食べるというわけにはいかない。同じように低カロリーなものを作って食べるから、まだ若い私や仕事で動き回らなくてはいけない湯原は、だんだん体がもたなくなる。仕方がないから湯原に「昼間、お茶

元気だったころの義母

でも誘ってちょうだい。夜の食事を二人きりで出かけて、楽しむわけにはいかないから」とお願いして、ときどき昼食でお肉などの栄養をとるようにしていた。

　そのころ、義母は「糖尿病」「高血圧」「心臓肥大」[※5]とあらゆる成人病[※6]（生活習慣病）にかかっていることがわかった。そのため、それぞれの病気の治療のために三か月に一度は入院するようになった。このサイクルは、後々までずっと続いていくことになる。

　私はいつ入院しても大丈夫なように、下着セットと病室セットという二つの袋を作って、常に部屋の片隅に用意していた。季節が変わるごとに入院していたから、私もだんだん入院手続きに慣れていった。

覚悟の出産

結婚して一年たったとき、息子が生まれた。つまり、妊娠中もずっと義母の入院の付き添いや看護などをしていたのだ。

そんな状態だから、つわりなんかなかった。いや、つわりを感じている暇がなかった、というのが正しいかもしれない。

みんなは「由美ちゃん、こんな大事なときに、あまり病院に出入りしない方がいいよ」と言ってくれたが、そんなわけにもいかない。一日病室へ行かなかっただけで、「由美ちゃんどうしたの？　昨日来なかったじゃない。具合でも悪くなっちゃったのかと思って、心配していたのよ」と電話がかかってくるくらいだった。

退院してからも、義母に留守番を頼んで買い物に行き、途中で知り合いに会って長話でもしていると「由美ちゃんが帰ってこない。どこかで倒れちゃったのかもしれない！」と大騒ぎになる。

私は子どものころから、学校から帰ってくるとランドセルを放り投げてパーッと遊びに行っちゃうような質《たち》だったので、こんなに心配されるとかえって困ってしまった。「少しは、私のことを放っておいてちょうだい！」と思うくらい。でも、湯原も「おふくろに悪気はないんだ」と言うし、確かに悪気があって意地悪しているわけではないから、私としてはよけいに困ってしまった。

そんなストレスが重なったのかどうかわからないが、妊娠五か月目に入ったときに流産をしそうになった。

その日、私と湯原は車の中でささいなことから喧嘩になった。冷たい雨が降る夜、家まであと少しという距離。それまでたいした喧嘩もしたことがなかったのに、なぜかそのときは二人とも感情的になり「ここで降りろ」「いやだ、降りない」と口論が続いた。

そうこうしているうちに身体が冷えてしまったのだろうか、急に具合が悪くなり、病院へ行くと即入院することになった。

「絶対安静で、動いてはいけません」と言われると、三日ほど入院した。さすがにこのときは湯原も義母も心配してくれて、医師から「退院後も自宅でおとなしく寝ているように」と言われてなんとか退院した。

しかしまた、九か月のころ切迫《※7せっぱく》流産しそうになり、再び絶対安静になった。

それでも実家の母には心配をかけたくなかったので、手伝いに来てもらうこともなくがんばっていた。母親には、義母の手術のことも生活習慣病のこともたいしたことではないと伝えていた。自分で決めた結婚だったから、なんとか自分の力でやり遂げようと決めていた。

これも私の、覚悟の表れだった。

子どもと義母と自分の時間

長男が生まれてから、私は育児でさらに忙しくなった。義母の糖尿病は徐々に悪化し、年に二度の長期入院生活になっていた。そしてやはり、病院でも私を頼っていた。家で息子の世話をして、義母のおかずを作って、それを持ってお見舞いに行き看病をする。帰ってきて、洗濯や掃除など家事を片づけて、夫の夕飯を作る……。

そんな毎日の繰り返しで、いま考えると自分でもどうやっていたのだろうと思うくらいだ。


義母が入院していないときは一日中、息子の世話と義母の世話に追われた。イスに座りながら子どもにおっぱいをあげているときも、胸から下は息子のものだが、首から上は義母の様子を見ながらあれこれと世話をやいていた。私が動こうものなら、息子も動きながらおっぱいを飲むくらいだった。

離乳食を作る時期になると、「由美ちゃん、孫にばかりおいしいもの作っている。私にも、同じものを作って！」と言い出す。やきもちを焼くというか、私にかまってほしくてたまらないらしい。

もちろん、湯原がいるときは、彼の相手もしなくてはいけない。「おーい！　由美子。飯は？」向こうで湯原の声がすれば、「由美ちゃん！　これ見てちょうだい」と義母が呼ぶ。その間にも「ママちゃん、あのね！」と息子が話しかけてくる。私は当たり前のように、次から次に声のかかる家族の用事に対応していた。

あるとき家に来ていた親戚が「この家には、いったい何人の〝由美ちゃん〟がいるの？」と、あきれるほどだった。

さすがにこれでは私も息抜きができないので、息子が幼稚園に通いだしたのを機に、少し自分の時間をつくるようにした。

息子を幼稚園に送って行ったその足で、着付け教室や陶芸教室などに通ったのだ。一度家に戻ってから出直そうとすると、義母が「由美ちゃん、どこ行くの？」となかなか出かけられないので、午後息子を迎えに行って帰宅するまで、用事をいっぺんに済ますようにした。

でも、そのためには朝は猛烈な忙しさになる。息子の通っていた幼稚園は毎日手作りのお弁当を持っていくことが決まりだったので、私は毎朝息子が好きそうなものを作ると、小さなお弁当箱にかわいらしく詰めて出かける支度をした。さらに、家にいる義母のためにも昼食とおやつを作って用意する。「由美ちゃん、私にも孫と同じようにお弁当箱に食事を詰めてちょうだい」と義母が頼むので、もう一つお弁当を作ることになった。そして、息子の手をつないで電車に飛び乗る。「どいて、どいて。遅れちゃうわ」と大急ぎだから、息子なんて私の腕にぶら下がるようにして歩いていた。車による通園が禁止されていたので、毎日電車に駆け込むようにして出かけていた。

いま考えるとよくそんな体力があったと思うけれど、こうして少しでも自分のための時間を作ることで、かえって気持ちを切り替えて子どもと義母の世話が一生懸命にできたのだと思う。

初めての認知症行動

ある日、義母が息子と散歩に出かけてなかなか帰ってこないことがあった。

「あれ、どこへ行ったのかしら？　雨も降ってきたのに帰ってこないわ」

心配していると電話が鳴った。

「イトーヨーカ堂にいるんだけど、傘を持ってないから帰れなくなっちゃった。由美ちゃん、迎えに来て」

あれ？　散歩のはずなのに、なんでそんなところにいるんだろう？　買い物をしたかったのかな？

二人を迎えに行き帰宅すると、息子が「あのね、ラーメンおいしかった」と言った。なるほど（笑）、わかったぞ。義母はカロリー制限の毎日だったから、どうしてもこってりしたものが食べたくて仕方なかったのだろう。もともと味の濃いものが好きな人だから、食事制限が続いて辛かったと思う。

そんなストレスが溜まったのだろうか、ある日曜日に義母が奇妙な行動に出た。それに気づいたのは、息子の一言だった。

「ねえ、ママちゃん。どうしておばあちゃんは、日曜日なのに病院へ行くの？」

「え、日曜日に病院なんてやってないわよ。おかしなことを言うのね」

しかし、確かに玄関で義母は出かける支度をしている。

「おばあちゃん！（息子が生まれてからは私も義母のことを『おばあちゃん』と呼んでいた）今日は日曜日で、病院がお休みよ。ほら、幼稚園だってお休みでしょ」

「いや、そんなことはない。病院に予約を入れてあるんだから間違いない」そう言うと、自分で歩いて行ってしまった。

もう、言い出したら聞かない状態で、仕方がないから本人の気のすむようにさせてあげた。

帰ってきた義母に「どうだった？　病院お休みだったでしょ？」と聞くと、「そんなことないわよ。ちゃんと先生に診てもらって帰ってきた」と言うのだ。

おかしいなぁ……、どうしちゃったんだろう？

でも、それ以外はおかしなところはなく、ふつうに会話してふつうに生活している。

いったい何だろう？　もしかして、どこかとても体調が悪くて一人で診察や検査を受けていて、私には言えずに隠しているのかな？

こんなことが数か月間、日曜日ごとに続いた。

日曜日になると「病院へ行く」と出かけてしまうということは、ちゃんと曜日がわかっているということだよね。いったいどうしたんだろう？

私は、まさか義母が認知症[※8]になり始めているなんて思いもしなかった。ただただ、義母のおかしな行動に疑問と不安をいだいていた。

義母は、七十歳になっていた。

いじめなの？

ちょうどそのころ、よく義母が私を責めることがあった。いや、正確に言うと、嫁いじめをしているとしか理解できないような行動が続いた。

「おばあちゃん、お茶飲む？」と言っていれてあげようとすると「いま、お茶なんかいらない！」と怒りだす。

さっきまで機嫌良く私に甘えていたのに、なぜ急に不機嫌になったの？　私なにか悪いこと言ったかな？　そんなふうに言わなくてもいいのに……。

息子の習い事でちょっと帰宅が遅くなると、「こんなに暗くなるまで、何をやっているの！」と怒る。暗いといっても子どもが習い事をする時間だから、夕方の五時か六時くらいだが、冬になると日没が早くて家の中にいるとすっかり暗くなってしまう。とにかく、暗い部屋に一人きりでいるのが気に入らないようだ。

ちゃんと義母用のおやつや食事を作って用意しておいてあげてもダメ。〝大好きな由美ちゃん〟が、自分のそばにいないのが気に入らないのだ。


「ブラブラどこに行っているの？」

息子を幼稚園に送っていった後、私が習い事をして帰りが遅れるのも不満。

「あれ、今日はお教室に行くから遅くなるって、言ってありましたよね」

「そんなの聞いてないわよ！」

そう言われたら「……すみませんでした」と謝るしかない。

「じゃあ、今度から紙に書いていくようにしますね」

それでもダメ。メモは破って捨ててあり「そんなのなかった」と言うのだ。

でもいちばん辛かったのは、私が作った食事を食べずに、自分で買ってきたお惣菜《そうざい》を食べているときだった。まるで、私へのあてつけのように毎日お惣菜を買ってきた。

お義母さんは、私の作ったものが気に入らないの？　カロリー制限があっても少しでもおいしく食べてもらいたいと思って、がんばって作っているんだけどな……。

とても悲しい気持ちでいっぱいになった。でも、絶対に義母と喧嘩したくなかったから、すべてをのみこんで我慢した。

湯原がいるときでも、義母はお惣菜を食べていた。それだけでなく湯原に「昌幸も、これ食べなさい」とすすめるのだ。

さすがに湯原は怒った。

「おふくろ、なんだよ！　由美子が作ったもの食べないで、お惣菜を買ってきて食べるなんて！」と叱りつけた。

私は静かに「やめて、私はいいから。喧嘩するようなこと言わないで」と湯原にお願いした。

そんなことが何度もあった。

世間では「嫁姑争いなんてあるのがふつうで、みんな喧嘩しながらやっているわよ」というかもしれない。しかし私は、湯原と結婚して義母といっしょに暮らすとわかったときから「絶対に喧嘩しない」と決めていた。もしもお互いに言いたいことを言い出したらキリがない。義母も私もそして湯原もつまらない気持ちになるだけだから。

そんな家庭はイヤだから、私が我慢しても喧嘩だけはしたくない。ある意味これが、〝嫁〟としての覚悟だった。

後で思うと、これらはすべてボケの始まりだったようだ。

私の料理が気に入らないわけではなく、お惣菜を〝買う〟という行動をしたかっただけだ。買い物をすることで、義母は満足感を得ていたのだ。

その証拠に、義母はお惣菜だけでなく下着のパンツも毎日買っていた。それは、もっと後に認知症の症状が激しくなり病院で生活するようになったときにわかった。

義母の部屋の整理をしようと押入を開けたとき、布団と布団の間から百枚近い数のパンツが出てきた。どれも買ったままの新品で、どうしてこんなにたくさんの下着が必要なのかと不思議に思うくらいの数だった。どれも色やデザインが違うわけでなく、すべて同じような真っ白なパンツだった。

おそらく、無意識のうちに自分のお下のことが心配になって、買わずにはいられなかったのかもしれない。そして買い物をすることが、義母に満足感を与えていたのだろう。

あるいは、実際に粗相《そそう》をしてしまったことがあり、汚れたものを私に洗濯してもらうのが恥ずかしくて処分し、買い足すことが癖になっていたのかもしれない。

いずれにしても、通常では考えられないような数のパンツが、あちこちに押しこまれていた。

これはボケだ！

やがて、「お金がない」とか「物がなくなった」と言い出すようになった。最初は一か月に一度くらいだったのが、二度、三度と少しずつおかしなときが増えてくる。でも、そのとき以外はまったくふつうで、異常なところはなかった。

そのころの私は認知症についての知識がまったくなく、「なんだろう？　これは」と不思議に思うしかなかった。

いま思うとこのころが、いわゆる〝まだら呆け〟[※9]の時期だったのだ。呆けているときと正気なときが混在し、毎日いっしょに生活している私には「あれ？　いまちょっとおかしいな」と思うことがあっても、仕事から帰った夫やときどきしか会わない親戚には、正常な姿しか見ていないからわからないのだ。

だから、私は義母が呆けているかもしれないと思っても、だれにも相談できずにいた。まさか湯原に「あなたのお母さんおかしいわよ」とも言えず、「由美子の思い違いじゃないか」とか、「歳をとればだれだってそうなるのがふつうだよ」と言われるのが怖かった。

そして、だれにも言えないことで、「どうしたらいいのだろう」と一人で悩んでいた。呆けていることがはっきりわかるほどの状態だったら、いっそ周りの人も理解してくれたり同情してくれたりするから、私も楽だったかもしれない。しかし〝まだら呆け〟のときには、周りの人には正常にしか見えないので、私の方がおかしいと思われそうで、うかつに口にすることができずとても苦しかった。

ちょうどそんなとき、義母の主治医の内科医から連絡があった。

「お宅のお母さまですが、たびたび病院にやってくることがあり、ちょっと正常ではない行動です。もしかしたら認知症……いわゆる〝ボケ〟の始まりかもしれませんよ」

急いで湯原と二人で病院へ行き、詳しい話を聞いた。私は驚きと、「やっぱり？」という気持ちで、激しく動揺した。

「今度、検査してみましょう」ということで、次の定期検診のときに、さりげなく先生がいくつかの質問をして様子を見てくれた。

「名前は？」「生年月日は？」「いまの季節は？」義母の答えはすべて正解で、特に変なところはなかった。

「では、今度おかしいなと感じたときに、すぐ病院へ連れて来てください。そのときの様子を見れば、判断がつくかもしれません」

医者はそう言ってくれたが、これがなかなか大変だった。家にいて「あれ？　いま変だな」と思って病院へ行っても、着くころには正常な状態に戻っていて、会話もふつうにできることが多かった。そんなことを何度か繰り返し、やっと医者の目の前で正常でない義母を診察してもらうことができた。

「間違いなく、認知症です」

やっぱり、私の思い過ごしではなかった。

正式な診断結果が出たことに少し胸をなで下ろしながらも、これからのことを思うと、大きな不安が私をおそった。

「認知症って、私はどうしたらいいの？」

これから、いったいどうなるの⁉

そもそも、なんでこうなったのかな。食事療法のせいで、好きなものが食べられなくなったから？　それとも、私がずっと家にいないと寂しいから？

原因はわからないけれど、とにかくこれからは義母の行動に注意するようにしなくてはいけない。

現在は、「ボケ」といっても研究が進み、その傾向と対応策などが広く紹介されているが、当時は「歳をとればだれでもだんだん呆けてくる」という程度で、私も十分な知識がなく不安だった。

そうしているうちにも、義母の認知症は徐々に進行していった。これからいったいどうなるのだろう。私は、しっかりやれるのだろうか。不安でたまらない……。

でも、ここでメソメソして投げ出すことなどできない。

九州から上京してデビューしようとしたとき、反対されても絶対がんばると覚悟して芸能界に入った。

そこまで覚悟して始めた芸能界の仕事を、どうしてもこの人と結婚したいからと覚悟して辞めて引退した。

結婚するときも、たとえ家族や事務所に反対されても自分の決めた人といっしょになれるように説得しようと決意した——。

そんな全部の覚悟を、自分で簡単にひるがえすようなことはしたくない。「芸能人だから、結婚しても生活が大変だったらすぐやめてまた戻ってくるでしょう」なんて言われたくない。それこそ、〝荒木由美子〟を応援してくれた人たちに面目が立たない。

なによりも、自分のプライドが許さない。

「がんばれ！　私はあんなに忙しくて大変だった芸能界でも、一生懸命やってこられた。あのときを思い出して、自分を奮い立たせてしっかりしなきゃ」自分で自分を励ました。

芸能界で芝居をしていたときには、どんなに泣きたくても「はい！　笑って」と言われれば笑う演技をしたり、疲れて眠くてもファンの人には笑顔で応えたり、一生懸命やってきた。それを思い出せば、辛い気持ちを切り替えてどんな大変なことでも乗り切っていく力が、きっと私にはあるはず。

いまの状況を嘆いたりあきらめたりせず、「これは私に課せられた一つのハードルなのだ」と思って、もう一段はい上がってみようと覚悟した。

もしかしたら、私が若くして結婚した意味はそこにあったのかもしれない。この状況を闘い抜くために必要な体力と気力が、いまの私にはきっと備わっている。
そう信じて顔を上げて、どんな困難にも向き合おう！　と決めた。

第５章

人格ではなく、病気がそうさせる

——認知症の〝症状〟と闘う。

認知症の症状

「ねえ、由美ちゃん。子どもは何人いるの？」

突然、義母が私に聞いた。

「えっ、一人いるよ」

さっきまでごくふつうに話していた義母が、突然おかしなことを言い出した。

義母はほとんどの時間、意識や行動がしっかりしていたが、急になんの前ぶれもなく認知症の症状が出るときがある。いわゆる〝まだら呆け〟だ。

「一人、息子がいるよ」

「なんで一人しかいないの？　もっと産めばいいのに」

義母は無邪気に聞いてくる。

「もう一人、産んだ方がいいかな。産んだら、おばあちゃん面倒みてくれる？」

「うん、私が面倒みてあげるわよ」とほほえむ。

「そう、ありがとう……」

そしてまた、元に戻る。どこまでわかっているのかな。私が嫁であることはわかっているみたいだけど、孫のことはときどきわからなくなるみたいだ。

このころの私は、義母の生活習慣病のお世話や、症状の出始めた認知症の心配などで、なかなかもう一人子どもを産んで育てる余裕がなかった。

やがて、義母の認知症の症状はだんだん激しくなり、物がなくなったと言い出した。

「ここに宝石を置いておいたらなくなったの。由美ちゃん、探してちょうだい」

そこに宝石はなかったはずだけどな……と思っても、仕方ないので探し始める。

「押入の中にあるかもしれない。全部、出してみて」

「探したけど押入にはなかったよ」と言っても納得しない。

「いいの、全部出して！」

こうなったら、本当に出さないと決着がつかない。仕方なく、押入の中の物を全部ひっぱり出す。

「ほら、宝石なんてないでしょ？」

「いや、絶対あった！」

宝石などのキラキラした物はかなり気になるようで、よく私の指輪もなくなった。

私はキッチンで料理をするときに、シンク近くにアクセサリー置き場をつくって指輪などをはずして置いていた。ところが、ちょっとほかの用事で別の部屋へ行って戻ってくるともう指輪が消えている。「あれ、私ここに置かなかったっけ？　ほかの場所に置いたかしら？」

最初のころは義母が持っていったと気づかず、自分の気のせいだと思っていたが、途中から「これは義母だな」とわかった。

それから私は、家の中で宝石を身につけないようにした。義母が「私の物を取った」と言い出してしまうからだ。

お金への執着も激しくなった。

ときどき、家のお財布からお金が減っているときがあったのだ。

「あれ、おかしいな？　ちゃんと入れておいたはずなのに……」どう考えても義母が持っていったとしか思えない。

それでも確信がないから、私の気のせいなのか本当に義母が持っていったのか調べるしかない。でも、こんなことをするのはとても苦しい。

どうしよう、義母を疑って試すようなことをしていいのかな？　けれど、いつまでも曖昧なままにしておくわけにはいかないし……。

私は、心を決めて試した。

テーブルの上に一万円札を置いて「子どものお迎えに行ってきます」と言って出かける。しばらくして戻ってくると……、やっぱりなくなっている。

「でもこれは、たまたまかもしれない」

そう思っても、またしばらくするとお財布からお金が減る。

湯原に相談しようか。いや、義母を犯罪者のように言うことはできない。もう少しはっきりしてからにしよう。

一か月に一回、半月に一回、同じようにお金を置いたまま出かけてみるが、やっぱり消えている。

その後も義母が私や夫に「お小遣いをちょうだい」と言うことが増えた。

「あれ、この間あげたばかりなのに」そう思っても、ダメとは言えないので少しずつ渡してあげた。息子である湯原にも「もっとお小遣いがほしい」と言いたい様子だが、そうたびたびは言えないでいるので、私が「少しだけど」と渡していた。

しかし、これが何度も続くと「おばあちゃん、この間あげたお金、何に使ったの？」と聞かずにいられない。

不機嫌になった義母は、ぷいっとよそを向いて行ってしまう。

また別の日には、「由美ちゃん、これ支払い方がよくわからないんだけど、どうしたらいいの？」と言って、払込用紙を持ってきた。どうやら、通信販売の支払いのようだ。

「おばあちゃん、何を買ったの？」

部屋には、アクセサリーや高価な化粧品が並んでいた。

「これはおばあちゃんに必要なの？」そう言っても納得しなかった。

私が持っているものに、対抗したかったのかもしれない。あるいは、〝購入すること〟に満足感を得ていたのかもしれない。

いずれにしても、テレビを見て電話するだけだから、年老いた義母にも簡単に買えたようで、次々に注文していたようだ。これだけ買ったら、お小遣いがなくなるのも当たり前だ。

こんなことが重なって、私はとうとう湯原に相談せずにはいられなくなった。

「最近、おばあちゃんがおかしいの。何度もお小遣いをほしいって言うし、あげないと家のお財布からお金を抜くこともあるし」

「いったい何に使っているんだ？　お小遣いだって、十分あげているはずだし」

「うん……。きっとお付き合いとかあるんだと思うけど……」

私は、ボケ症状とも言えず、ただ「おばあちゃんに、ちょっと注意しておいてね」と言うのが精一杯だった。

それ以来、私はお金を置く場所を、義母にわかりにくいよう気をつけることにした。

もう一つ、置く場所に気をつかったのが刃物だ。

いつ義母の気持ちが高ぶって、周りの者に刃物を向けるかもしれないので、簡単に手の届くところには置かないように気をつけていた。

包丁やハサミ、カミソリなどは、いつも二階の息子の机の引き出しに入れていた。この引き出しは鍵がかけられるので、義母には開けることができないのだ。

私が料理をするときは、二階の引き出しから包丁を出してきて使い、終わるとまた二階の引き出しへしまいに行く。刃物を使うときも一回一回引き出しから出して、使ったら一回一回しまい鍵をかけていた。とても不便だけれど、義母や家族の安全のためには仕方がなかった。

あるとき、私が雑誌やコマーシャルの仕事で一日か二日ほど家を留守にすることがあり、家に一人で置いておくわけにもいかず病院に入院して看てもらったことがあった。

いつも通っている病院だし、先生も義母の病気をずっと診察してくれている医師で、認知症のことも相談に乗ってもらっていたので義母も安心だろうと思ってあずけた。

ところがこれをきっかけに、いわゆる〝色ボケ〟が始まった。

「先生が私に変なことした」とか「私に手を出してきた」などと言い出したのだ。さらには「この病院は先生と看護師がイチャイチャしているんだけど、由美ちゃん、ここはどうなっているの？」とまで言う。

先生は「認知症の症状が進むと、多くの人に現れる症状です」と説明してくれた。それでも、こちらはとても不安だし、どう対応していいか困ってしまう。

宅配便の人や郵便局の人が来ただけで、「由美ちゃんのところに、男が来ている」と言う。いくら説明しても納得してくれないので、仕方なく「もう大丈夫よ、帰ったから。ほら、いないでしょ」と言うしかない。

あるときは湯原に向かって「昌幸、外に由美ちゃんのことを見張っている男がいるよ。ほら、ここから見える」と言う。

「なに言ってるんだ。そんな奴いないじゃないか」

「ほら、あそこに立っている」

自宅の竹塀のすき間からのぞくと、隣の家が見える。

「ちょっと暗い所で、笠をかぶった人が立っているでしょ」

じっと見るとそれは、なんとタヌキの置き物だった（笑）。

「ちゃんと見ろよ。ただの置き物じゃないか」と笑って言うと、「違う！　さっきは男がいたんだ」と言って聞かない。

そのうちに、孫を見ても「若い男が家にあがっている」と言い出す始末。

息子を幼稚園のお迎えから連れて帰っても、「由美ちゃんは夕方、若い男を連れてきた」と言う。今度は息子が「おばあちゃんが変だ」「すぐお母さんのこと怒る。どうしたの？」とおびえる。「おばあちゃんはね、病気なのよ」と説明しても、幼稚園や小学校低学年の子どもには理解できるわけがない。

そのうちに、「おばあちゃんとは、いっしょに食事をしたくない」と言い出した。

仕方なく、二階の部屋に息子の食事だけ持っていき、義母とは別々に食事をさせるようにした。すると義母が「由美ちゃんは二階に若い男を連れこんで、食事までさせている」と言う。その言葉は、ショックだった。

でも、いやがる息子に我慢させてまでいっしょにテーブルを囲むのもかわいそうだから、この生活を続けるしかなかった。

あるとき義母が「昌幸が浮気している」と言い出した。何を勘違いしているのかなと思っていると、義母の部屋からほかの芸能人の浮気記事が出てきた。


ははあ、これを見て息子だと思い込んでいるんだ。


「由美ちゃん、少しは昌幸のこと、我慢してもらわなければ困るよ。昌幸だって男だから、たまには魔が差すことだってあるんだからね」

もうすっかり、週刊誌やワイドショーのスキャンダルが私たちのことになっている。いまなら、湯原に「あなた、魔が差したことになっているわよ」と笑って言えるけれど、当時は義母が毎日毎日テレビをつけて本気で怒るので、私は「困ったな……」と真剣に悩んだ。

そんな私を見てさらに、「由美ちゃん、ご機嫌ななめでしょ。怒ってる？」と言う。

「でもね、外にひとり女をつくったくらいで、そんなに昌幸を責めちゃダメだよ。ちょっと魔が差しただけで、たいしたことじゃないんだから」

どうしてこんなにも誤解しているのかな？　と考えたら、義母の若いころの体験がそうさせているらしい。義母は昔、夫の浮気でとても苦労をして、そのときの辛い経験が色ボケの要因になっているようだ。

単純に〝呆けている〟わけではなく、心の底にはその人なりの歴史や事情があり、行動させているのではないだろうか。


認知症に多い症状として徘徊[※10]があるが、義母の場合は外へ出かけてしまうより、家の中をうろつくことが多かった。「お金がない」とか「物が見つからない」と言って探し回る。特に窓の鍵やドアの鍵が気になるようで、すべて壊してしまった。

夜中にふと人の気配がして一階へ降りていくと、和室で寝ていたはずの義母が廊下をうろうろ歩いていたり、電気をこうこうと点けてソファーに座っていたりした。

「どうしたの？　寝た方がいいよ」

「由美ちゃん、眠れない……」

「そっか、眠れないの。じゃあ、テレビでも見ようか」そう言って、しばらく付き合ってあげる。

どうやら、自分がひとりぼっちになったようで寂しいみたいだ。すぐ上で私や孫が寝ているのに、わからないらしい。

あるとき、寝ていてふと間近に気配を感じた。

あれ、湯原かな？　と思って身を起こすと、義母がベッドの脇に立って私をのぞきこんでいる。薄暗い中に突然目の前に義母の顔があって、本当にギョッとした！

「おばあちゃん、どうしたの？」

「由美ちゃんがどこか行っちゃったと思って、探してたの」

「大丈夫よ。ちゃんと家にいるわよ。もう夜遅いから、おばあちゃんも寝ようね」と言って、下の義母の部屋まで送っていって寝かしつける。しばらくして、もうちゃんと寝たかな？　と思って様子を見に行くと、私自身も疲れ果てて階段で寝ていたなんてこともあった。

あるときは、「ちゃんとお部屋に行って、布団で寝ようね」と言っても、「いやだ、寝たくない」と反抗する。仕方がないので、「そっか。じゃ、おばあちゃんはどうしたいの？　いいよ、やりたいことしていいんだよ。ご飯食べたいの？　テレビ見たいの？　お風呂に入りたいの？」って言うと、「なんにもいらない」と言う。

「じゃ、私もここにいっしょにいようか。部屋も廊下も電気を点けておくから、これなら安心して寝られるでしょ」

やがて少し安心したのか、落ち着いて自分の部屋へ戻る。

それでもときどき、「由美ちゃん、私から逃げて二階の部屋に行ってたんでしょ」

なんて言い出すこともあった。こうなるともう、何を言っても通じないから、「そんなことないよ」と返事をするしかない。

湯原が仕事で留守をしているときに限って、夜中に家の中を徘徊されるので、本当に心細く不安だった。


息子が小学校四、五年生になるころには義母の症状はひどくなり、毎日いつなんどきもまったく目が離せなかった。


私は、家の中にいるときも外にいるときも、ずっと義母の手をつないでいた。そうしないと、「いつどこで何をしているかわからない」ということもあるが、なによりも手をつなぐことで義母が安心してくれた。

料理を作るときもキッチンにイスを用意して、「ここに座っててね」と言って顔が見えるようにして調理をする。

ご飯を食べるときは、正面に向かい合うようにして座る。隣に座ると赤ちゃん返りをして、「食べさせてちょうだい」と私に甘えて自分でやらなくなってしまうからだ。

体力的には日常生活を送るのに十分な力があったので、なるべく自分でなんでもやらせるようにしていた。そうしないと、どんどん体力も衰えてしまう。

お風呂も自分で入るようにさせていた。しかし、バスルームで鏡に映った自分の姿を見て「だれかいる！　こっちを見ている」とおびえて大騒ぎをする。「大丈夫よ、鏡に映っているだけだよ」と説明しても納得しない。仕方がないので、イスを持っていってそばに座ってあげる。「私がここにいるから大丈夫よ。怖くないよ」そうすれば、安心してお風呂に入っていることができた。

トイレもそう、寝るときもそう。

常に手をつないであげて、手をさすってあげて、「大丈夫だよ。私がそばにいるよ」と言ってあげなくてはならないようになっていた。

人間はやはり、直接肌と肌を触れ合うことで安心をする。認知症だからといって適当にあしらうのではなく、子どもと触れ合うように老人と触れ合うことで、お互いの気持ちが近づくようだ。

このような認知症対処の知恵も、毎日の生活の中でいろいろな経験を積みながら自然に身につけていった。

しかしときには、理解に苦しむ義母の行動に、さすがの私もおびえたり怖がったりすることもあった。でも、私が怖がっていたら息子はもっと怖がってしまう。

「おばあちゃんは病気のせいでおかしな行動をしてしまうから、理解してあげようね」

息子に話していながら、実は自分自身に話していたのかもしれない。

どちらが病人なの？

あるとき私が洗髪をしていたら、指にたくさんの髪がからみついた。

「どうしたんだろう……」

髪をすく手に抜けた毛がごっそりからみつく。そんな日がずいぶん続き、気づいたら私はすっかり円形脱毛症になっていた。

義母の認知症が進行していくなかで、私自身が疲れと不安で衰弱し、自律神経失調症[※11]になっていたのだ。

さらに、なんとなく胃の調子が悪いな…と思っていたら、胃潰瘍《かいよう》になっていた。芸能界で仕事をしていたとき、私は何度か胃痙攣《けいれん》を起こしたことがあった。一人で上京し、だれにも愚痴をこぼしたりできなかった私は、仕事の責任と重圧からストレス性の胃痙攣をよく起こしたのだ。

仕事を辞めてからしばらくは大丈夫だったが、義母の認知症が現れたことで、何年かぶりに胃痙攣を起こした。

それは、家にいるときはもちろん車を運転しているときでも、いつでも私に襲いかかった。胃がギュッと痛くなり、何も飲んだり食べたりできなくなり辛かった。

この症状は、義母が亡くなるまで私を襲い続けた。


「子どもを育てること」も大変なことだと思うが、それは先の予定が見えている。幼稚園に入ったら、小学校へ。卒業したら、次は中学・高校へと進んでいく。どんな悩みがあっても子どもは成長して、やがて自分の生き方を見つける時が必ず来る。

しかし、認知症の介護は先が見えない。

これからどんな症状が出てくるのだろう。そのとき私はどうしたらいいのだろう。なってみなくちゃわからない。そして、それがいつ終わるのかもわからない。


その不安は、常に私を覆っていた。


介護を始めたころは、不安でよく泣いていた。

自分では泣くつもりはないのに、なぜか情緒不安定になり涙が止まらなくなるのだ。

「ワー」と泣いて気持ちを発散するとともに、自分の感情をコントロールできなくなる。

それでも、義母の介護は待ってくれない。世話をするかしないか、目の前のことをやるかやらないか。

逃げ場所はどこにもないのだ。


そんな精神的なプレッシャーが、私に円形脱毛症を起こさせ、慢性の胃潰瘍を発症させた。やがて手が震え出し、電話の音にもビクビクするようになった。

そのころ家の電話は、義母が勝手にあちこちにかけてしまうので、アドレス帳を黒く塗りつぶして読めないようにしていた。

義母が親戚に何度も電話をして「由美ちゃんが、ものを食べさせてくれない」とか、「若い男を連れこんでいる」とか言ってしまうのだ。夜になって親戚から「由美ちゃん、昼間こんな電話があったけど、どうしたの?」と問い合わせが来る。「実は、おばあちゃんが認知症で……」と説明するとわかってくれたが、毎日そんな電話をかけたら相手にも迷惑である。仕方なくアドレス帳を片づけると「ない!」と怒り出す。そこで、黒く塗りつぶすしかなかったのだ。

そんなこともあって、電話のベルが鳴るたびに私は敏感になっていた。だから、親戚にも九州の実家にも「電話はなるべくかけないで」と頼んでいた。

　そんなとき、家族以外で私の心の支えになってくれたのが、友人だった。彼女にも「電話はしないで」とお願いしてあったので、よく手紙を書いてくれた。

　子どもの幼稚園や学校を通じてお友だちになった人で、私が不安になったときはいつでもどんなときでも駆けつけてくれた。具体的に何かを助けてほしいということではなく、ただそばにいて、話を聞いてくれる……そういう女性なのだ。

　年齢は私より一回り上だがよく気が合って、私が義母の認知症や子育てで悩んでいるときも親切に話を聞いてくれた。

　また、私の誕生日には毎年、彼女の家でお祝いをしてくれた。「外だといろんな話もゆっくりできないし……」と気をつかってくれたのだ。そして毎年、彼女が得意な絵で、私の似顔絵を描いて贈ってくれた。

　そんな似顔絵が、私の手元に二十枚以上ある。そこには、この二十年の私の変化していく顔が、しっかりと描かれている。

友人・藤田彩子さんが描いてくれた私の似顔絵

「もう帰るか?」

湯原は、私の精神的な不安や疲れをわかっていたと思うが、お互いあえて家ではできるだけふつうの生活を保つようにしていた。家族みんなが、義母の認知症の世話や病気の介護だけで終わってしまうと、日常生活がなくなってしまいそうで、湯原は夫婦の時間や子どもとの時間も大切にしたいと考えたのかもしれない。

だから私も、「さ、ここからは、夫や子どもや自分のことを考えるぞ!」と気持ちを切り替えて生活していた。

それでもたまに、どうしても気持ちが切り替わらない時がある。なんだか気が重いままで、イライラするような、不安がつきまとうような……。

普段なら「お帰りなさい。夕飯、食べる?」と明るく話せることが、なんだか心も体も疲れ切って「あ、お帰り」で終わってしまう。「ご飯は?」と言うのが精一杯。

そんなときに夫から「おまえ、今日は機嫌が悪いな。生理なのか?」なんて言われると、さすがの私も傷つく。

「精一杯自分の気持ちを奮い立たせて、毎日あなたたちのためにがんばってやっているのよ！」そう言いたくても、言葉にするのが自分で悔しい。

だからそれ以降は、夫にそう言われるような態度を絶対に見せない！　とがんばった。それもある意味、私のプライドだったのかもしれない。

湯原は湯原で、認知症の母に対して悩んでいたと思う。自分の大切な母親が、自分の愛している女性である妻に辛くあたるのだから。「由美ちゃんに、男ができた」と言う。孫を見て「若い男を連れこんでいる」と言う。「物がなくなった」「食べさせてもらえない」と言う。

私は私で、ひたすら義母に責められるなか、どうしていいかわからない。ほんの十分だって、義母を一人で置いておけない。

私は〝究極〟のなかにいた。

そんなある日、湯原が私に向かって改まって話をした。

「由美子が家のことやおふくろのことを、がんばってやってくれていることは感謝している。でも、この状態のなかで俺には、どうしてあげることもできないんだ。由美子、息子を連れて一度、実家へ帰るか？」

一瞬、それは冷たい言葉に聞こえた。

いままで、一生懸命やってきたのはなんだったんだろう。いまさら、実家に帰るかなんて……。

しかし湯原は、そんな〝究極〟のなかにいる私を見かねたのだろう。本当に義母の世話をできるかできないか、やるかやらないか、私の気持ちを確かめたかったのだ。私は泣きながら「できる。やる」と返事をした。

中途半端な優しさではなく、はっきり言ってくれたからこそ、私も覚悟を決めることができた。

そしてまた、義母だけでなく湯原の人生も、私が預かっているのだと改めて覚悟をした。

だから湯原に「イライラしているぞ」と言われたりすると「もうちょっと優しい言葉をかけてよ」なんて思ったりするけれど、それを跳ね返すように元気を出してまたがんばることができた。

覚悟を決めてからは、目の前のことを精一杯、元気にやるだけだった。義母の世話が大変だから見捨てるとか、家を出たいとか、そんなことを考える暇もなかった。

細かいことなど周りに相談したり、グチを言ったりする間もない。「そんな時間があったら、自分で結論を出して、どんどん進めるわよ」そのくらい、鬼気迫る毎日だった。

そんな毎日の中でも、湯原の愛情に安らぎを感じ、心を休められる時間を作った。湯原が家に帰ってきて一人で仕事部屋にいるときに、タイミングを見計らってお茶を持っていって言葉を交わす。

二人で同じ家にいながら都合により昼食時間がずれたときなど、「ちょっと顔、貸してよ」なんて湯原に言って、仕事部屋で作業をする彼の顔を見ながら食事をした。湯原が「俺の顔、高いよ」なんて笑ったりして、そういうささやかな時間を大切にしていた。

愛情とか優しさというのは、決して押しつけるものではないと思う。湯原に何かをしてほしいとか、グチを聞いてほしいとか、あまり思わなかった。ほんの少し時間ができたときに、お互いの顔を見ることで、私はずいぶん疲れを癒された。

湯原にはよく、そしていまでも「お互い出会ったころのことを、忘れないようにしよう」と言われる。どんなに愛し合った男女でも、夫婦になって子どもが産まれると〝お父さん〟〝お母さん〟になってしまう。

夫であり妻であるという「パートナー」としての意識が薄れて、単なる父親母親になってしまうのだ。

だから、私は湯原のことを「お父さん」と呼ばないし、彼も私のことを「お母さん」とは言わない。二人が尊敬し合い、好きになったときのことを忘れないように、お互いの名前をしっかりと呼び合っている。

義母の介護は、実質的なことはほとんど私が行った。たぶん湯原も、やろうと思えばできたのだろうが、「それはおまえに任す」と私の役割になっていた。

いまの世の中だと、男女平等とか夫婦分担といって、妻も夫も同じように介護に取り組むだろう。しかし、実際のところ、仕事を持っている男性には、専業主婦の女性と同じように痴呆老人と向き合うことはむずかしい。

特に私の場合、「女性が家のことをしっかりやり、男性は家族を養うために働く」という思想の強い九州で育ったので、私が義母のことを看なければと強く感じていた。ある意味それが、ともすれば弱音を吐きたくなる私の心を、支えていたのかもしれない。

厳しい言い方をすれば、中途半端な男性の優しさは、女性をダメにする。「家事や母の世話は君の担当、そして僕はそんな君を支える夫になる」こんな考えがあっても、私はいいと思う。

だからこそ、私がしっかりやっているときには、夫も感謝の言葉をかけてくれる。それが、なによりの私の喜びであり、大きな慰めにもなる。

「おまえ、よくやったな」

「そう？　じゃ、プレゼントありじゃない？（笑）」

「そうだな」

そんなふうに明るく言いながら、いいタイミングでお互いを尊敬し合い感謝の言葉を伝え合えたとき、それは恋愛時代と変わらないフィーリングになる。

同じことをするのにもタイミングが大切であるように、夫婦の間でもタイミングが重要だ。

いつまでもお互いに尊敬し合いいたわり合える夫婦でいるには、いつどんなふうに優しい声をかけ、その言葉を素直に受け取れるかが大切だと思う。

もちろん、そのタイミングの息が合うまでには、たくさんのすれ違いや誤解を繰り返して、だんだん寄り添っていく。

私の育った九州では、妻は黙って夫に従うことが美徳とされていた。そんな影響もあって結婚当初は、湯原に対して言いたいことがあっても我慢していた。

義母の病気の看病などで疲れが溜まってささいなことでもストレスになっていたとき「たまには、お茶でもいいから誘ってほしいんだけど」とイライラを吐き出した。

多くの男性がそうであるように、結婚する前は食事やお茶にどんどん連れて行ってくれたのに、結婚したとたんに誘ってくれなくなった。そうでなくても、結婚してすぐ不慣れな病院通いや義母の看病で新婚気分どころではなかったから、若い私は疲れたり寂しかったりしたのだ。「なんだ。そんなこと、もっと早く言ってくれればいいのに。もしかして、言えなくてもやもやしてたの？　自分の腹の中に溜め込まなくていいんだよ」

このやりとりがあってから、少しずつ言い合えるようになった。

こんなふうにして、私たちは二十年間かけて夫婦の歴史を作り上げてきた。

第6章　介護している人の決断は間違っていない

施設に預けることは放ってしまうことではない。住んでいる地域にどんな施設があるか調べておこう。がんばり方、休み方を考えよう。

鉄格子の向こう側

闘いのような自宅での認知症介護が、七年間続いた。

義母はすっかりボケてしまい、私を責めたり疑ったりする。私はその対応に追われる日々で、脱毛・胃痙攣・手の震えという自律神経失調症で病人のようになった。

「おばあちゃん、どうしたいの？」そう聞いても、いっこうに話が通じない。

「ここにいっしょにいるよ。なにをすればいいの？」

「由美ちゃんをいじめているわけじゃないよ」義母が言う。

「……どうすればいいの？」

「私がいじめているみたいじゃない」怒った顔をする。

「そうじゃないよ」気持ちがまったく届かない。

認知症の症状がそうさせるから仕方がないのだ。でも悲しい。いったい私は、どうしたらいいのだろう。

いつも張り詰めた空気が家を包み、このころには家庭から笑い声が消えていた。

そんななか、とうとう湯原が「おふくろ！　これ以上、由美子を苦しめるんだったら、俺はもう許さないからな！」と言い、自分の母親の首に手をかけようとした。

私は一瞬、何が起こっているかわからなかった。テレビや新聞で見るような情景が、目の前で起こりそうになっている。

このままじゃ、みんなダメになる。

もうこうなったら、家で認知症の義母を家族だけで世話をするのは無理だ。設備のある専門病院や福祉施設で面倒をみてもらうしかない。そう湯原が判断した。

周りからも「由美子さん、いつまでも自分一人でがんばっても、あなたが倒れるわよ」と言われ、とうとう義母を施設で世話してもらうことにした。

最初のころは、義母を施設へ入れる気はなかった。「できるだけ、在宅で介護をしたい」そう思っていた。

しかし、ある程度の限界まで来たら、思いきって施設へ任せることも正しい一つの選択だといまは思う。

それは、決して〝負け〟ではない。

家庭の中で介護している家族が認知症患者とともに倒れてしまうよりも、勇気を持って施設に任せることでより家族的に接することができるようになるのだから。

もしもいま、家庭での介護に限界を感じ毎日が辛く、将来について不安に襲われている人がいるなら、私は「家族だけでじゃなく、人の手を借りてもいいんだよ」と言ってあげたい。

特に現在は、認知症患者を預かってくれる老人福祉施設も充実してきたから安心だ。しかし、私たちのときはまだまだ少なく、入院できる施設を探すのが大変だった。湯原と二人で、あちこちの施設へ行き見学して、どうするか迷った。

最初にケースワーカーから紹介されて見に行ったのは、いわゆる精神病院だった。まるで牢獄のような冷たい鉄格子がはめられ、介護というより隔離・監視しているような場所だった。

「ダメだ。ここにはおばあちゃんを入れられない！」

私は怖くなり、涙が流れた。

「もういい、帰ろう！　やっぱり私が全部やるから、家に帰ろうよ……」

家に帰れば、また地獄のような生活が待っているとわかっていたけれど、どうしてもその隔離病棟へ置いていくことなんかできなかった。私は泣きながら、義母の手をひいて自宅に戻った。

次に紹介されたのは、設備の整った老人福祉施設だった。ここなら〝隔離〟でなく〝介護〟してもらえる。家から少し離れているが、それまでの苦労を思えば、通うことぐらい楽なことだ。

そうこうしているうちに、翌年、翌々年としだいに介護施設が増えていった。そして、義母の内科主治医の友人で、認知症や老人介護に深い関心を持っている先生の施設を紹介してもらった。そこはとても家庭的で、先生や看護師さんたちも親身になって話を聞き、ていねいに義母の世話をしてくれた。

ただ、手続き上一つの施設に長く入院し続けることができないので、もう一つの施設と三か月交代で入院させていた。そこは健康保険のきかないところだったので、費用も高額だった。「芸能人の家庭だから、お金なんて平気でしょ」とか「有名人だから、一般の人よりも優遇してくれるんじゃないの」と思うかもしれないが、まったくそんなことはない。ほかの認知症患者をかかえた家族のみなさんと同じように金策をしたり、苦労をしたりの毎日だった。

三か月交代で施設を入退院するからそのつど大変だったが、義母はもっとまいったようだった。

そのたびに新しい環境に慣れるのに時間がかかり、症状が進行してしまう。義母にとってそこは、三か月前の場所ではなく、まったく新しい場所に移るのと同じだった。

「私をどこに追いやるの！」

「そうじゃないのよ」といくら説明してもダメだった。

「由美ちゃんの意地悪！」

「今日は、おばあちゃんの好きなおいなりさんを持ってきたのよ。これ、好きでしょ」

「いらない！」

看護師さんたちはこういった状況に慣れていて、最初のころ私が面会に行くと必ずいっしょに病室へついて来てくれた。

「あら、良かったわね。由美ちゃんが、来てくれたじゃない」

義母は、黙って下を向いてしまう。

「見てごらん。ほかにこんなに面会に来てくれる人いないでしょう。じゃあ今日は、三人で手をつないでお散歩しようか」こう言って、なんとか義母をなだめすかしてくれる。

そうしているうちに、義母も少しずつ落ち着いて入院生活を送れるようになっていった。

やがて入院して三年目のことだった。義母は年に何度か、生活習慣病や肺炎などで体調を崩すことがあったので、そのときに同じ敷地内で内科病棟と老人施設で入退院をするという手続きをとってもらえるようになった。

これでやっと、義母も私も、落ち着いて同じ環境で過ごすことができるようになった。

義母が入院してから、面会に来ている家族同士で少しずつ会話をするようになった。いままで、たった一人で家の中で世話をしてきて、だれにも相談したり話を聞いてもらえなかったので、周りの人の親切が本当に身にしみる。介護をしている家族にとっては、小さな優しさが涙が出るほどうれしいときがある。

「あなた、暗い顔しているわよ。ちょっとおばあちゃんを看ていてあげるから、三十分くらいお茶でもして気分転換してきなさいよ」そんな心遣いは、行き詰まっている人に我に返る時間を与えてくれる。

私も含めて、同じ境遇の家族たちがお互いにちょっとした優しさを交換することで、〝魔が差す〟なんていう最悪のことがなくなるのだ。

ときには、「面会に行ってもぼんやりしているだけだから」と、ときどきしか来なかった家族が、ほかの家族としゃべることにより心が楽になり「また来て、お互いに話をしましょうね」ということもある。

病院では、そこで生活をする老人たち同士も新しい刺激を受けるし、面会に来る家族たちも情報交換や世間話をすることができた。

家族が明るい顔でたびたび面会に来ることで、認知症の老人たちも喜ぶだろう。


義母が世話になった施設には、月に一回家族会というのがあった。同じ経験をしている家族が、お互い悩みを告白したり相談に乗ったりした。大きなことから小さなことまで、いろいろな悩みがある。例えば、義母の世話で美容院に行く時間もないとき、私はなんとか湯原の休みに合わせて「ちょっといいかな」とお願いして、やっと行くことができたが、それがなかなかできない家族もいるだろう。

認知症の症状が進行していくと新しい症状が次々に出てきて、そのたびに介護している家族は驚きとまどい、不安に包まれる。義母の場合なら、食が細くなったり、物がなくなったと言ったり、色的な認知症が出たり……。そして、お下のこと。いま着替えたと思ったら、すぐに汚してしまう。私に手をかけてほしい気持ちから、わざとするのだ。


ほかの家族には、またほかの悩みや症状がある。それらをお互いに話すだけでもずいぶん気が楽になるし、聞いている方も「自分たちだけじゃないんだ」と少し冷静になれる。

施設に入ったことで、認知症患者が専門知識のあるところで安心して過ごせるだけでなく、それまで介護で明け暮れていた家族にも安定した生活が訪れるのだ。

また、季節に合わせて「お花見会」や「ハイキング」などの行事があり、病院以外の場所に出かけることもできる。自宅で介護をしていたときは、本人も家族もまったくそんな余裕がなく、季節を愛《め》でることなどできなかった。

しかしここでは、病院の看護師さんたちや家族たちが協力してくれて外出できるので、安心して楽しむことができた。

私もできる範囲で同行したり運転手をしたりと、お手伝いをしていっしょに楽しんだ。

大好き！　由美ちゃん

病院に入ってからも、大変なことはいろいろあった。

認知症になっていてもやはりプライドがあるので、みんなおむつをしたがらない。

当時は、いまのようなパンツ型の成人用おむつがなくて、パッドのように当てるしかない。

やっとつけたと思っても、すぐにずれてしまってなんの役にも立たない。パンツ型が発売されるようになって、本当に助かった。

しかしそれも、おむつだとわかると「いやだ」と言ってはいてくれない。あるいは、ひきちぎって散らかしてしまう。だから、下着の中に隠すように入れて、「ほら、パンツだよ」と言ってはいてもらう。


家にいる間は、義母にとって私が〝敵の時期〟があった。

「由美ちゃんが、意地悪した」

「由美ちゃんが、物を隠した」

「由美ちゃんが……」

「由美ちゃんが……」

それが、病院に入って落ち着いてきてからは、敵は私ではなくなった。

「由美ちゃん、看護師さんが私をいじめるんだよ」

「由美ちゃん、あの人が意地悪を言うの」

看護師など身の回りの世話をしてくれる人たちが悪者になって、私は〝すごーく良い人〟になっていてビックリしてしまうくらいだった。

義母の好きなおいなりさんを持っていったり、おやつを差し入れたりすると「由美ちゃん、だーい好き！」なんて子どものように喜んでくれて、とてもうれしかった。

湯原も、「おふくろは、もう〝由美ちゃん命〟だな」と笑った。だれかがからかって、「由美ちゃんがいなくなったらどうするの？」なんて言おうものなら、それこそ顔色が変わって「やだー！」と大変だった。

「明日は十二時ごろ来るね」と約束すると、義母は私が着くまでずっと待っている。だから、できるだけ昼食時間に間に合うように行ってあげると、義母も看護師さんも喜んでくれる。

「由美ちゃん、何を持ってきてくれた？　食べさせて！」と義母。

「由美子さんが来てくれると、しっかりご飯を食べるから助かるわ」と看護師。

たまに私が用事で行けない日があると、もう大変。

「由美ちゃん、どこいったの？」と落ち着かない。夜も寝ないで徘徊してしまう。次の日はドアのところに立って私を待つ。ドアが開くたびに「由美ちゃん？」と気にして、違う家族だと「由美ちゃんじゃなかった。由美ちゃんがどこかに逃げちゃったかもしれない」と心配する。

義母の頭の中には「私の面倒をみるのが大変だから、由美ちゃんに逃げられたらどうしよう」という思いが、いつもあったんだと思う。

だから、できるだけ施設に通ったが、年に一度だけどうしても五日間くらい続けて行けないことがあった。夏休みに息子を連れて、九州の実家に帰省するときだ。

湯原に「仕事の合間に一日だけでもいいから、施設に行ってお義母さんに顔を見せてあげてね」と頼む。しかし、彼が行っても「由美ちゃんじゃない」と納得しない。代わりがきかないのだ。

そんなときの看護師さんは「もう由美子さんがいないと大変だわ」と嘆いていた。

最初のころは、私の仕事や息子の学校の用事で行けないだけで「由美ちゃんがいない！」と興奮状態になるので、電話をするようにしていた。

「今日は用事で行けなくてゴメンね。我慢してね。明日また電話するね」

それでも、なかなか納得してくれなかったようだ。

よく「人間は歳をとると子どもに返る」と言うけれど、義母の場合は赤ちゃんのようだった。ママの姿がちょっとでも見えないと泣いてしまう赤ちゃん、そんな状態だった。

それはそれで面倒だったりプレッシャーに感じたりするときもあったが、自宅で二十四時間ずっと私に辛くあたっていたときに比べれば、とても楽でお互い幸せな関係でいられた。

それほど、人間というのは「好き」と「嫌い」が紙一重なのだと思った。私のことが大好きだから、家にいるときは私に辛く当たり、施設にいるときは甘えてくる。わかっていても、やっぱり厳しい言葉を投げ続けられたときは悲しかったし、逆に愛情を素直に伝えてくるときはうれしかった。

由美ちゃんは大人気

施設には、いろいろな認知症のお年寄りがいる。

かつて外資系の商社にお勤めしていたという、おじいさんがいた。彼も認知症の症状が重く、普段は自分がどんな生活をしているかもわからないような状態だった。

しかし私が「おじいちゃん、お元気ですか」と声をかけると、しっかりした英語で返事をする。そして、「さあ、こちらへどうぞ」と家族面会用の部屋に案内をしてくれる。「どうぞこちらへ。さあ、お茶でも召し上がってください」と看護師を社員だと思って接待させるのだ。

「Thank you」と返事をして座ってあげると、もううれしくてたまらないという顔をして喜ぶ。足腰などおぼつかないはずなのに、すっかり立派な紳士の振る舞いになり、やがて私を相手に仕事の交渉を始める。

私は彼の英語を聞き取るほどの力がないのでニコニコして聞いていてあげるだけだが、英語のできる人によると完璧な内容だという。

きっと彼の中では、自分が仕事の最前線でバリバリ働いていたときのまま時が止まっているのだろう。

あるおばあさんの場合は、「私の住所は大阪の○○で、大きな家のお嬢さまとして育ったのよ。△△学校を卒業して、優雅に暮らしていたの」と話してくれた。

確かにとても上品で、ものごしも優しい。認知症によりいつもは辻褄の合わない支離滅裂な話をすることも多いが、自分の生まれ育ちの話だけは何度聞いても同じ内容で変わることがない。

面会にやってきたおばあさんの娘さんに「おばあさんがね、私にこんな話をしてくれたの」と聞いてみたら、それは全部本当のことだった。

彼女にとって生まれた家、育った環境、父親の仕事、どれもワンセットで頭にインプットされているのだ。

人間は認知症になると、自分がいちばん幸せだった時代に戻るのかもしれない。あるいは反対に、いちばん印象の強かった〝想い〟にとらわれるのかもしれない。

義母の場合は、若いころの夫の女遊びで泣かされたから、歳をとって認知症になったときに色的なものが表れたようだ。

だから先生が「男」になってしまう。診察をすると「あの人が、私の体をそこら中触るのよ」と言う。

「おばあちゃん、先生はお医者さんだから、診てくれているのよ」

「由美ちゃん、あの男の人、今度は私の胸まで触った」

「それは聴診器を当てて、診察してくれたんでしょ」

「診察するのに、胸を触るの？」

「そうよ。そうしないとわからないでしょ」

いくら説明しても納得しない。

私が、ほかのおじいさんに触れようものなら、もっと大変な騒ぎになる。よく認知症のおじいさんが私に寄ってきて、話しかけたり手をつないできたりする。あいさつ程度の握手でも、義母には大問題なのだ。

激しいやきもちは、ほかのおばあさんに対しても出てしまう。病院の出入りや院内でちょっとすれ違ったときに「今日はいいお天気ね」なんて軽く話しているのを見ただけでも、「由美ちゃんが私以外の人と仲良くしている！」と不機嫌になってしまう。

ご飯どきにほかの患者さんの食べる手伝いなどしたら、もう大変！

「由美ちゃん、私もう食べられない」と言い出す。私に食べさせてほしいのだ。こうなったらどんなになだめてもダメ。

「もうちょっと食べようね」

「いらない」

「じゃ、これをもう一つだけ食べようか」と言って、口にスプーンを持っていってあげるとやっと食べてくれる。

院内では、絵を描いたり書をかいたり歌を歌ったりする時間があった。

隣に、例のお嬢さま育ちのおばあさんが座った。さすがに書も見事で、上手に書く。

「まぁ、おばあさまはこんなふうに筆を使って手紙を書いたりしていたの？」なんて、うっかり話しかけたら、もう大変。義母はすっかりご機嫌ななめになってしまった。

「もう書かない。やらない！」と放りだす。

仕方なく「おばあちゃんがいちばん上手よ。ほら、このへんがとてもステキね」って褒めまくって、やっとなんとか機嫌を直してくれる。

面会に行くとき私は、華美な服装にならないように気をつけ、アクセサリーなどもなるべく身につけないようにしていた。それでも、私の化粧がうらやましいらしく「その口紅、私にもつけて」と言うときがあった。

やっぱり何歳になっても、女性である。美しいものやきれいなものが気になるのだ。しかも、私と同じ口紅がいいと言う。看護師さんが「ほら、化粧してあげようか」と言っても、「由美ちゃんと同じじゃないといやだ」と言う。

「いいよ。じゃ、おばあちゃんに、私の口紅つけてあげるね」と言ってバッグから取り出して紅筆でぬってあげるととても喜ぶ。

「由美ちゃんと、同じになった？」まるで子どものように、うれしそうな顔になる。私がコンパクトの鏡に映して見せてあげると、「これ、だれ？」と驚いたように言う。

「おばあちゃんだよ」

「いやだ。こんなに年寄りのきたない顔になって」と言う。

「そんなことないよ。大丈夫だよ」と話してあげる。

院内には、認知症の老人が鏡を見ておびえたり壊したりしないように鏡を設置していなかった。だから、自分の顔を忘れてしまったようで、久しぶりに見た自分の老いた顔に驚いたのだ。

義母は、美しい真っ白な髪をしていたので、外にお出かけの日にはカラースプレー

病院で療養中の義母と

でメッシュを入れてあげるときがあった。

「ほら、おばあちゃんの好きな紫の色になったよ。とてもステキよ」そう言ってあげると、本当にうれしそうな顔になる。

当時はまだカラーメッシュでオシャレをするお年寄りが少なかったが、義母は昔から粋な人だったのでとても喜んでくれた。

そんなふうに女性としての自尊心のある義母だったので、あるとき男性に間違われて大騒ぎになった。

私が義母と手をつないでいつものように散歩をしていたら、ほかのおじいさんがうらやましく思ったのか「いいね、お嬢さんと手をつないでもらって、おじいさん」と言ったのだ。

義母はもちろん「私はおじいさんじゃない！」とむきになった。確かに髪をショートにしていたし、服装も地味な色だったかもしれない。しかし、男性と間違われればやはり怒りたくなる。おじいさんに悪気がなくても「私は、おばあさんだ！」と言い返す。それでも、また「いいね、おじいさん」なんて声をかけられたから、とうとう

「私はおばあさんだ！」と言って、服をまくり上げて胸を見せてしまった！

さあ大変、「おばあちゃん、ダメよそんなことしちゃ！」と慌てて私が降ろした。

こんなふうに私がいつも病院へ行くので、看護師さんや周りの人たちが「由美子さんはよくやっているね」なんて褒めるのを聞くと、今度は息子のことも褒めてほしいと思うらしい。

不機嫌な顔に気づいた私が「昌幸さんがいちばん良いに決まっているじゃない」と言うと、少し納得する。

どんなにかわいい孫がいても、どんなに〝由美ちゃん大好き〟でも、やっぱり最後は自分の息子がいちばん好きなのだ。

ときどき湯原に「あなたはいいわよね。ちょっと親孝行したらもうずっと『昌幸、最高！』じゃない。私なんて、毎日お世話してあげて、やっとだもの。いいとこ取りだよ（笑）」なんて話したりした。

第７章　介護する人が元気でいること

ガンの宣告と死の覚悟。いつもそばにいることがよい介護とは限らない。がんばり方、休み方を考えよう。

突然の疑い

義母が入院中の二〇〇一年、私は直腸付近の手術をすることになった。

ほんの一週間程度の入院予定で、私はなんの心配もしていなかった。湯原は仕事で多忙だったので、「お見舞いに来なくても大丈夫よ」と言うほど余裕だった。


ところが手術が始まって間もなく、執刀医たちが突然慌ただしく騒ぎだした。私は局部麻酔だったので、術中の様子や声がすべてわかり、それを聞きながらいったい何があったのかと不安に襲われた。

「あれ、なんだこれは?」医師の声がする。

「写真を撮っておこう」

「疑わしいから、組織を切除してすぐ検査に出すように」

いったい何なの? 予定の手術以外に、何か悪いものが見つかったの?

私はもう、不安で不安でたまらなくなった。


病室に戻ると、付き添ってくれた友人に「手術の途中で先生たちの様子が急に変わったの……」と、手術中のことを話した。

私の話を聞いた彼女はびっくりして、いてもたってもいられずにすぐに湯原の携帯電話に知らせたらしい（あとで知った）。

「なんだか、様子が変なんです……。手術の途中で変なものが見つかったようなんです……」

泣きそうな彼女の声に、湯原は不吉な胸騒ぎがした。

その間に、病院では切除した組織の検査が行われていた。私はまったく知らなかったが、医師の間では前例のない重大な病気として大問題になっていたのだ。

翌朝、湯原に院長先生から電話が入った。

「お話があります。とても大切な話ですから、すぐに病院に来てください」

「どうしたんですか⁉　由美子に何かあったんですか？」

「詳しいことは病院でお話ししますが、悪性腫瘍[※12]かもしれません。生存率の低い病気で、亡くなる可能性は九〇％以上です」

「…………」

湯原は何も考えられなく、頭の中が真っ白なまますぐ病院へ向かった。車の中でハンドルをたたきながら、悔しさがこみ上げてくるのを感じていた。

「由美子がいったい何をしたっていうんだ！　どうして、由美子が死ななきゃいけないんだ！」

病院に着くと、すぐに院長先生から詳しい話を聞く。ザワザワとしたナースステーションのその奥で、湯原は落ち着かないまま病状について説明を受けた。

「予定の手術は、問題なく終了しました。ただそのとき、腸壁の内部にほくろ状のものを発見しました。通常、この位置にこういったものができることはあり得ません。このほくろ状のものは、皮膚ガンの一種です。ふつう、皮膚ガンは体の表面の皮膚で発症します。特別めずらしいガンではなく、小さなうちに発見すれば、患部を切除するだけですみ、転移する心配はありません。しかし、奥さまの場合は、腸壁でした。つまり、内臓です。内臓の壁にあるガンということは、血液などによって全身に転移しやすくなります。あまり例のないタイプですが、これが本当に悪性腫瘍ならば、おそらくすぐに転移してしまい、完治することは難しいでしょう」

「由美子は、死ぬんですか？」

「まだわかりませんが、おそらく助かる確率は低いでしょう」

「……………」

「検査では、患部を縦にスライスして、組織を調べます。この細胞の核が崩れていたら、確実に悪性腫瘍です」

「じゃあ、崩れていなければ大丈夫なんですか？」

「はい。でも通常では、腸壁に悪性でない単なるほくろ状のものができることはありません。覚悟しておいた方がいいでしょう」

やがて湯原は、私の病室に現れた。

私が「来なくていい」と言ってあったのに湯原が来たことと、なによりも真っ青な顔をしていたことで、私は自分の身に重大なことがあったのだと察した。

湯原は帽子をかぶりサングラスをしていたが、その顔は引きつり、私に隠そうとすることもなく、辛く悲しい表情をしていた。


彼は、最初から私に病状を隠すつもりはなかったという。この一大事に対してどうやって二人で向き合い、どうやって二人で闘っていくのか、覚悟しなくてはいけないと考えていた。私と湯原は、一つの共同体なのだ。

むしろ隠すべきは、まだ高校生の一人息子と、認知症で入院している義母に対してだと思っていた。

ガンの宣告

「先生から、由美子のことで大切な話がある。いっしょに聞きに行こう」湯原が静かに言った。

私は覚悟を決めて、二人で先生の所へ行った。

「先生……私、何かのガンなのですか？　もしもそうなら、はっきり言ってください」

「……残念ですが、そのようです」

「…………。助からないのですか？」

「大変難しい病気です」

私は、自分に悪性腫瘍があるとはっきり告知された。予感していたとはいえ、改めて聞くガンの宣告に、私は激しい衝撃を受けた。

「別の専門医を紹介します。手術した患部が治ったら、すぐに転院しましょう」

さっそく湯原と友人が、先生にすすめられた病院へ行く。二人は呆然としたまま、とにかく言われたまま紹介状やカルテなどを持って手続きをした。

ここで湯原は、いたわりのない言葉を浴びてとても辛かったという。ガンを宣告され悲しい気持ちの家族に、受け付けた医師（紹介された主治医とは別人）は、まったく事務的で紋切り型の説明しかしてくれなかった。

「この患者さんは、助かる確率がありません」

「……何か、方法はありませんか？　どうしたらいいですか？」

「患部を深く取るしかありません。人工肛門です」

「取ったら治るんですか？」

「その保証はありません。患部を取っても、全身のどこに転移しているかわかりませんから。ふつうのガンの方が、まだマシでした」

湯原と友人は、思いやりのない医師の言葉を、悲しい気持ちと苛立ちを我慢しながら延々と聞いたという。とにかく、転院の手続きを行い、検査や手術の説明を受けた。

そのころ、私は病室で眠れぬ夜を過ごしていた。部屋にじっとしていることもできず、暗くなった病院内をなんとなく彷徨《さまよ》っていた。ロビーの片隅でソファーに座っていたら、近くの公衆電話で泣きながら話をしている男性がいた。

「お母さん、俺、大腸ガンなんだって。人工肛門にしなくちゃいけないんだって……」

彼の話を聞きながら、「ガンなんだ。かわいそう……。あ、でも、私もガンなんだよな……」そんなふうにぼんやりと思っていた。

翌朝、お見舞いに来た湯原になにげなくこの話をしたら、「もうその話はやめろ！」と怒ったように言った。「なに不機嫌になっているの？　少しくらい私の話を聞いてくれてもいいのに……」そう思いながら口をつぐんだが、まさか自分も同じことになるとは知らなかった。


一週間後、私は退院すると、その足で紹介された別の病院へ向かった。そこで担当の執刀医から説明を受けて、はじめて自分が人工肛門の手術を受けることを知った。

「先生、その手術をすれば私は助かるんですか？　助からないのだったら、なんのためにするんですか！　どうせ助からないのなら、受けたくありません」

「でも、そういうわけにも……。確率は低いですが、少しでも延命できるかもしれません」

担当の医師はていねいに説明してくれたが、私はもう「自分は死ぬんだ。せめて死ぬときは、湯原の腕の中で静かに死ねたらそれでいい」と思っていた。

大声で泣きたい気持ちと、涙も出ないほどの冷え切った心とで、凍てついていた。

まもなく手術のためのチームが組まれ、六名ほどの医師たちが集まってミーティングが行われた。

カルテや患部組織を見ながら手術内容を検討しているとき、「もしかしたらこれは、[※13]悪性黒色腫《こくしょくしゅ》ではないかもしれない」という意見が出た。「細胞の核が崩れていないようにも見える」と言うのだ。その意見は、ちょうどチームの半分の人数で、意見が真っ二つに分かれたのだ。

「湯原さん、細胞の核が崩れていないかもしれません」電話で説明された。

「えっ！　じゃあ悪性黒色腫じゃないってことですか？」

「それが、はっきりしません」

「でも、悪性黒色腫じゃなかったらガンじゃないんだから、手術する必要がないってことでしょ！」

「はい。ですから、これから別の病院の医師にも診てもらうことにします。日本で数少ない専門医である、群馬大学の教授に診てもらいます」

死の覚悟

それから、祈るしかない一か月が続いた。

湯原は「由美子がガンじゃありませんように」と願い、私は「いったいどっちが本当なの？」と落ち着かない毎日で、まさに生き地獄だった。

自宅で検査結果の連絡を待っている間、息子にも義母にも悟られないようにふつうの顔をして日常生活を続けた。食事の用意をして、義母の施設へ行って、家事をこなして……。

その間にも「私が死んだら、残った夫と息子は男二人でどうやって生活するのだろう？　まさか私が、義母よりも先に死ぬことになるとは思わなかった……」そんな想いが、常に重くのしかかっていた。

気を許すとすぐ涙が溢れそうになり、息子や義母に悟られるんじゃないかと心配だった。キッチンで料理をしているときも、泣き声をかみ殺して、しゃくりあげそうになるのを必死でこらえていた。

いままで、自分が死ぬときのことなんて考えたことがなかった。ましてや義母の病の心配ばかりで、自分がどんな人生を歩んできたか振り返ったり、どうやって死んでいくのか考えたりする暇などなかった。

湯原とも、彼の方がずっと年上だから、私が湯原の最期を看取るだろうと思っていた。まさか、私が彼に看取られるようになるとは……。

「私が本当にガンだったら、ほかのだれにも言わないで……」湯原に、そう頼んだ。

みんなに心配をかけたり、辛い思いをさせたくない。

「死んだときに『由美子は事故で死んだ』と言ってね……」そうお願いした。

ああ、もっと生きたかった！　湯原とあれもしたかった……、これもしたかった……。もっともっと、思い出を作りたかった。息子のためにも、もっと母親として生きたかった。


やがて、検査の結果が出た。

「大丈夫でした。良性です」

ガンではない！

手術しなくていいんだ！

私は、死ななくていいんだ……。


うれしくてうれしくて、涙が溢れて仕方なかった。夕方、学校から帰ってきた息子に思わず抱きついて泣いた。

「お母さん、どうしたの？」

とまどう息子に、私はその場ですべてを話した。

「なんだよ、そんな大事なことをどうして俺に話してくれなかったんだよ。子どもだからってのけ者にしないで、なんでも話してくれよ」

息子の言葉がうれしかった。

今回のことで、私ははっきりと「死」を覚悟した。私がやり残したことはなんだったろう……。

そこで浮かんだのが、湯原にもう一人子どもを産んであげていればよかった、ということだった。息子に兄弟を作ってあげていればよかった……。

義母の認知症が激しくなってからは、とても子どもをもう一人育てる余裕などなく、すっかりあきらめていた。「お手伝いさんを雇えばよかったじゃない」という人もいるかもしれないが、義母は「由美ちゃん」でないと何事もすまなかったから、現実的には無理だった。

しかし、死を覚悟したときに「もっと子どもを産んでいればよかった」と思うとは。女としての何かものすごく強い念《おも》いを改めて感じた。

その後もしばらく血液検査やＭＲＩ（磁器共鳴画像）検査などが続き、約一年後にやっと最終結果が出た。

ガンではなかった！

だが一度〝死の覚悟〟を決めた私は、それから常に〝いまを大切に生きよう〟と心に刻んでいる。

いつ死んでも後悔しないように、覚悟をして私は生きている。

第8章　どうにかやり終えよう

一日一日をやり終えれば
やり遂げられる。無駄な
ことは一つもなかった。

湯原の手のぬくもり

思えば、二十年間という長い介護生活を支えてくれたのは、家族の「ありがとう」という言葉だった。

湯原があるとき、ふと思い返すように言った。

「そういえばおまえ、『俺にこうしてほしい』とか、『たまには俺にも、おふくろの介護をしろ』とか、『あたしばっかり苦労している』とか、言ったことないな……」

改めて彼が、そんな話をしてくれた。

実際のところ、いちばん修羅場だったのは家で介護をしていた約七年間で、私が望むと望まざるとにかかわらず、湯原も子どもも同じ張り詰めた空気の中にいた。だから、湯原まで私と同じように介護で明け暮れる生活になっていたら、もっと家の中が殺伐《さつばつ》としてしまっただろう。

だからこそ彼には夫として、ごくふつうの生活を送ってもらっていて良かったのだ。

ただ、湯原はよく私の手をとって「ありがとう」と言ってくれた。それがとてもうれしく、大きな支えになった。

世の中には、言葉に出さなくてもわかり合えるという夫婦や家族がいる。言わなくてもちゃんと感謝している、と。

しかし、私たちの場合は言葉にすることでお互いの気持ちを確認し、同じ大きな山をいっしょに登ってきたと思っている。

逆に、「夫婦はなんでも素直に言い合えばいいとは限らない」とも思っている。なんでもかんでも意見をぶつけ合って喧嘩するのは、ときにお互いを傷つけ合うことになる。

夫と妻の二人が思いやりの心を持って、同じ家庭という空間を共有しているのであれば、そのときは言葉にしなくてもわかり合えるだろう。言葉に出した方がいいときと、出さない方がいいとき、それはタイミングによると思う。つまり、〝空気を読むこと〟が大事なのだ。

私たち夫婦の場合は思いやりの心を持つことと、義母の介護という大きな共通要素を乗り越えてきたからこそ、いまの二人がある。

義母の手のぬくもり

約八年の長い入院生活の中で、いつも義母は私の手をとって「由美ちゃん、ありがとう」と言ってくれた。

義母が私に甘えてきたのも、彼女の生い立ちがそうさせていたのかもしれない。

義母は七人弟妹の長女で、幼いころから弟や妹の面倒で明け暮れたそうだ。背負子《しょいこ》を背負って子守をしていたので、義母は背中のあく暇がなかったという。まだまだ母親に甘えたい年ごろだったのに、すでに親代わりをするしかなかったのだ。

義母は、長女という責任感から甘えるということを知らずに生きてきたぶん、老いてからだれかに甘えたいという気持ちが強くなったのだろう。認知症になってからときどき、私に向かって「かあちゃん」と言うときがあった。

それは、認知症のせいで私が母親に見えたのだろうか。それとも人生の最後に、純粋な子どものような気持ちに還ったとき、心の支えとなるのが〝母親〟という存在だったのだろうか。本当のところはわからないが、義母はときどき、私の手をにぎって「かあちゃん」と言っていた。

それは、最期の瞬間が近づくにつれて、多くなった。

二〇〇二年十二月二十日、それまで私と散歩するなど穏やかに介護棟で生活していた義母が、なんだか少し体がだるいと言い出した。

「もしかしたら、熱があるかもしれないね」

測ってみると、確かに三十七度ほどの微熱があった。老人の微熱は軽くみていると怖いから……と、大事をとって検査をすることにした。年末年始になると医師や検査技師たちが減ってしまうのでその前に検査をしよう、ということで二十五日に内科病棟へ移動した。

二十八日、検査の結果が出た。なんと、白血球が異常に増えていた！　どうやら急性白血病の疑いがある。これまで糖尿病などの生活習慣病は、だいぶコントロールされ改善されていた。相変わらず認知症の症状は続いていたがそれ以外はかなり元気で、特にここ三年間くらいは穏やかに暮らしていたので、突然の病名に驚いた。

すぐにでも大学病院の血液内科へ転院しようとしたが、年末だったので年明けの一月五日に受け入れ態勢の連絡を取り合うことになった。

元旦、例年通り私は義母のためにミニお節料理を持って、病院へ行く支度をしていた。玄関に出たところで、けたたましく電話が鳴った。

「お義母さまの白血球の数値が異常な高さになっています。至急、来てください」

とるものもとりあえず、ドキドキしながら病院へ駆けつけた。しかし意外にも、異常な高さを示していた数値とは裏腹に、義母の表情は落ち着いていた。落ち着いているどころか、どこが病気なのかしら？　と思うほど顔色がよく、〝元気〟だった。

「由美ちゃん来てくれたのね」

「明けましておめでとう」

いっしょに連れて行った孫の顔を見て、「大きくなったね。本当に昌幸そっくりだよ」と笑った。

それまでは、孫を見て「よその若い男が来た」と言い嫌な顔をし、孫の名前さえわからないときがあったのに、この日は認知症の症状がまったく出なかった。

「亡くなる前に三日間、花が咲く」というように、ちょうど正月三箇日の間、義母はウソのように元気だった。よく笑い、よくしゃべり、ボケることもない。本当に、家族そろって幸せな時間を過ごした。確かに食欲はなかったけれど、いまにも歩き出しそうなくらい元気。こんなに気持ちよく家族みんなが笑い合ったのは、どれくらいぶりだろう……。

そして四日目、さすがの義母もだいぶ元気がなくなった。衰弱し、様態が悪くなった。意識が遠のいたり戻ったりする時間を繰り返す。弱っていく義母を見ながらいままでの長かった二十年を思い出し、私も湯原も涙が溢れた。多くの苦しみや、多くの辛さがあったが、いまはただ義母に少しでも長生きしてほしいと願う。そう思いながら義母の手をさすっていたら、義母が私の手をにぎって「由美ちゃん、ありがとうね」と言った。私の頬をなでて、何度も何度も「ありがとう」と言う。私は、溢れそうになる涙を一生懸命こらえた。

隣で涙ぐんでいる湯原に「泣いちゃダメ。ここで泣いたら、おばあちゃんの血圧が上がってしまう」と言って、二人で一生懸命に涙をこらえた。

「大丈夫よ、おばあちゃん。私が目の前にいるよ。なんにも心配いらないよ」そう言うと、義母は「うん、うん」とうなずきながら、私の顔をなでて「由美ちゃん、ありがとう。ありがとうね」と繰り返す。

ああ、これが〝人生、うれしさありがたさ〟なんだ。子どものころ、祖母に教わった「人生、なんでも、うれしさ、ありがたさなんだよ」その言葉が蘇ってきた。

これまでどんなに義母のことで苦しんだり憎んだりしても、いまはすべて私にとって貴重な体験で財産になっている。
もうこらえられなくなった涙が、私の頬を流れ落ちた。湯原も私も、とめどもなく涙が溢れた。

その日病室から帰るとき、義母はいつものように「バイバイ」と言って弱々しく手を振った。その姿は私たちに「もういいよ。十分看てもらったから、あとはあなたたちの好きなことをやりなさい」と言っているようだった。

それから三日間の昏睡状態が続き、一月九日、静かに息をひきとった。

冷たい部屋で二人きり

亡くなるまでの三日間、私たちは義母とのお別れをしっかりした。すでに転院するには体力が弱っていたので、そのまま長年お世話になった病院で最期の時を過ごすことにした。
静かに眠り続けている義母のところに毎日行っては手をにぎりそっとさする。目を開けて返事をすることはなくても、私たち家族の手のぬくもりや言葉や気持ちは、確かに義母に届いていたと思う。

そうしているうちにも、少しずつ少しずつ血圧などの数値が下がっていく。医師からは「今日かもしれません。明日かもしれません」と言われ、家族はそれぞれに覚悟をし義母との別れをする。

世間は正月の華やかさで街も人も晴れやかな表情に包まれているなか、私たち家族三人だけが世間から取り残されたように、迫りくる義母の最期と静かに向き合っていた。

私は家に戻ると泣きながら、義母が亡くなったときに後悔しないように整理と準備を始めた。最期に着せてあげる着物は、どれがいいだろうか。写真は、いちばんいい顔に映っているものを使ってあげたい。そんな想いで義母の部屋にいたら、湯原が声をかけてきた。

「あれ由美子、こんなところにいたんだ。おふくろの衣装ケースなんか広げて、何してるんだ？」

「おばあちゃんに着せてあげる着物を探しているの……。最期のとき、やっぱりおばあちゃんに似合う和服を着せてあげたいでしょ。おばあちゃんは若いころ、よく和服を着ていた粋な人だったっていうから、最期もちゃんとした着物を選んであげたいの。

でも、どれがいいかわからない…………………」

私の目から、こらえていた涙が溢れた。

「だって……、あなたや息子じゃ……どこに何があるかわからないでしょ。どんなものが必要かとか……。私がやらなくちゃ……。最期まで、おばあちゃんが満足してくれるように面倒みてあげたいもの……」

義母はまだ生きているのに、死ぬときのことを準備するなんて、悲しくて悲しくて仕方なかった。でも、自分がやるしかないんだと言い聞かせて、泣きながらやっと選んだ。そんな思いで決めた着物は、義母が大好きな色でよく似合うきれいな紫だった。

写真は、義母の認知症が進む前に撮った、和服を着て凛《りん》とした顔のものにした。湯原も、「それがおふくろらしくていいね」と言ってくれた。

こんなふうに、義母が亡くなるまでの三日間に付き添いをしながら家族みんながお別れと感謝の気持ちを伝え、悔いのないように準備をすることができた。この時間があったからこそ、最期までしっかりと義母を看取ることができたと思う。

葬儀は、義母が生まれ育って弟妹もいる茨城で行うことにした。諸手続きで湯原が走り回っている間、私はたった一人で暗い霊安室で、義母の亡骸《なきがら》と向かい合っていた。

四角いコンクリートの部屋で、冷たくなった義母と二人きりでいると、どんどん寂しさがつのってきた。だれもいないところで、白い布で顔を覆われた義母を見つめながら四、五時間じっとしていると、もう心細くて心細くて仕方ない。こんな悲しいことが世の中にあるのかと思うくらい寂しかった。

それまでの二十年間、義母の生活習慣病の治療と認知症の対応で壮絶だった日々を思い出すと、あまりにも静かすぎる時間だった。

あれもこれも「気に入らない」と言って反抗したり、孫を見ては「男を連れこんでいる」となじったり、「由美ちゃんが私をいじめる」と湯原に言ってみたり。あれほど激しく感情を表した人が、いまはもう何も言わず冷たくなっている。あれほど闘い抜いたのに、こんなにも静かに逝ってしまう。

冷えた暗い霊安室でだんだん物体のように冷たくなっていく義母の亡骸を目の前にして、私は世界中に生きている人間が自分一人しかいないような孤独感に包まれていた。そして、いつか自分もこうやって冷たくなって一人で死んでいくのだと実感した。

私はあまりの寂しさと心細さに、だれでもいいからそばにいてほしいと願った。長年お世話になった看護師さんたちが、仕事を終えて帰宅する前にみんなわざわざ霊安室に寄って「おばあちゃん、さようなら。お疲れさまでした……」とお別れをしてくれた。でも彼女たちが去ってしまうといっそう寂しくなった。とにかく、お金を払ってでもだれかにいっしょにいてほしいと思うくらい、それほど究極の寂しさだったのだ。

人が死ぬとは、こういうことなんだ。どんなに大騒ぎをしても、どんなに家族や兄弟が大勢いても、最期はたった一人なんだ。そして、人が死ぬとはこんなに悲しいことなんだ……。

だからこそ、「今日」という日は一度しかないと実感した。もう一度「今日」をやり直したいと思っても、過ぎてしまえばおしまい。「今日一日」が「一生」なのだと実感した。

葬儀と告別式の日は、湯原がNHKの生放送の仕事があり、どうしてもはずせなかったので、私が代表者となり喪主のあいさつも代わりにした。

義母とは、そこまで深い縁があったのだ。

湯原と出会ったときに、「由美ちゃん！」とかわいがってくれたのは、「最期まで由美ちゃんお願いよ」ということだったのかもしれない。

湯原の母と血はつながっていないけれど、一人の女性として人間として、すべての姿を見せてもらった気がする。だれだって、病気で弱っていく姿を見せたくないだろうし、ましてや認知症で家族に迷惑をかけることなどしたくない。しかし、人間はみなそうして老いていくもので、きれいなまま最期を迎えられるとは限らない。
「老いてゆくこと、生きぬくこと、死んでいくこと」そういう究極の姿を、私は義母から教わった。

父の死と蝶

義母の死から約五か月。今度は、実家の父が倒れて亡くなった。

五十二歳のときに脳血栓で倒れて以来、父は体に不自由が残ったが、母と兄夫婦と仲良く静かに暮らしていた。私が息子を連れて夏休みに帰省したときは、父の希望に合わせて毎年みんなで旅行をするのが楽しみになっていた。

亡くなる一年前の夏、ちょうど湯原も同じ時期に九州で仕事があり、「荒木由美子さんも歌を披露してください」という話になった。私はすでに歌手として人前で歌うことをしていなかったのでていねいにお断りしたが、先方から「ぜひ、お願いしますよ。地元の人たちも喜ぶから」なんて言われ、湯原もおもしろがって「なにカッコつけてるんだよ（笑）。やりなよ。シャレだよ、シャレ」と言い、結局やることになった。

夏の暑いときに父がわざわざ会場まで足を運ぶのは大変なので、ラジオで聞いていてもらおうと思った。しかし、湯原が「せっかくだから、ぜひ会場で聴いてもらおうよ。由美子が歌っているところを目の前で見せられるなんて、そうはないんだから。こういう瞬間を大切にしなくちゃダメだよ。絶対、生で見せるべきだよ」と言い出した。

結局なんとか父に来てもらい、目の前で私の歌を見てもらった。湯原のステージも一時間ほど見て、「よかった、よかった」と満足してくれた。

湯原といっしょに九州に行ったのは、この二十年間で二回くらいしかなかったので、本当に貴重な時間を過ごすことができた。


亡くなる前の晩、父が突然吐血をした。しばらく前から食欲が落ちたのでいろいろな検査をしたが、どこにも異常が見あたらなかった。それでも物が食べられず体力がなくなるので、入院して点滴をしていた。

そして、突然の吐血から意識もなくなり、あっという間に息をひきとってしまった。

母から連絡を受けて急いで帰ったときには、父はすでに冷たくなっていた。本当にあっという間のことで、だれも何があったかわからないくらいだった。

こうして、また家族の亡骸と向き合うことになった。

しかし、今度は落ち着いて「長い間、ご苦労さま」とお見送りすることができた。通夜の晩、私は父とたくさんの会話をした。それは、十六歳で親元を離れてからの時間を取り戻すかのような、濃密な時間だった。

これも、義母をしっかり見送ることができたからなのだと思う。

私が芸能界に入ったとき、父が書いてよこした手紙の中に次のような文章があった。「人生の旅は季節と同じです。寒い冬の日もあれば、時期が来れば稲の匂いがする。白い蝶が舞い、青い空にはひばりが舞い上がる春、夏の日もある。君には、歌だけ。自然に君の体内から歌、メロディーが湧き出るような、歌い手になってくれ」（41ページ参照）

ふと気づくと父や義母が亡くなってから、よく私の周りを蝶が飛び交うようになった。

「気のせいだよ」と他人は言うかもしれない。しかし私には、父や義母が会いに来ているような気がしてならないのだ。

義母が亡くなって二か月ほどたった春まだ浅いころ、「そろそろ義母の荷物を整理しなくちゃいけないいな」と思っていたが、なんだか気がのらなくて、私はよく湯原と庭に出てテラスでぼんやりお茶を飲むことがあった。そんなときにたびたび蝶がやってくるので、思わず「あれ、庭にこんなに蝶が来たっけ？」と話をした。

そのあとも庭でよく蝶を見かけるようになった。しかも義母の好きだった紫色や青色をした美しい蝶で、なんだか義母が蝶の姿をかりて私たちに会いに来てくれたような気がしてならない。

別の日には、窓の外から中をのぞくように蝶が飛んでいた。「私たち家族の様子を見に来てくれたの？　部屋に入ってもいいのよ」そう言って窓を開けたが、蝶は同じところをずっと舞っていた。

以来、そこで蝶を見かけるたびに「おはよう、おばあちゃん」とあいさつして言葉をかけるようになった。

父の葬儀のときも、また蝶が現れた。

お寺で来場者がお焼香のために祭壇へ進んでいるとき、その絨毯《じゅうたん》の上に地味な色の蝶が舞い降りたのだ。私たち家族は、「おばあちゃんが来た！」と思った。次々に人が歩み寄るので踏まれそうになり、私たちはハラハラして見ていた。蝶は私たちの心配をよそに、やってくる人の足下を軽やかに左右にかわしていた。

すべてのお焼香がすむと、蝶は安心したように静かに舞い去った。やっぱり、義母が見送ってくれたのかもしれないと思った。


そのあとも、旅番組で湯原とお寺を歩いていたときに、私たちの周りを蝶がグルグル飛び回った。

六月に友人と鎌倉に行ったときも、紫陽花《あじさい》で有名な明月院《めいげついん》で庭を眺めながらお茶をいただいていたら、蝶が私の周りを舞い始め離れなくなった。ちょうどそのときは、父の形見の指輪をネックレスにして身につけていたので、友人が「由美子さんの周りには、いつも蝶がやってくるわね。きっとお父さんが会いに来ているのよ」と言ってくれた。蝶はそのまま一時間ほど、私の周りをずっと舞っていて、なんだか私も離れがたくなってしまいしばらく動けなかった。

こんなふうに蝶を見ると、いつも義母と父のことを思いだし、胸が締めつけられるような気持ちになる。そして、親が亡くなったことで、今度は自分たちの命尽きる時がやってくる番だと実感する。

だからこそ、一日一日を大切に生きなければいけないと改めて感じる。

私は二十年間義母を看てきて、そして四十三年間父を見てきて、〝生きぬく〟とはなんと辛いことだろうと知った。

ふつう〝生きる〟とは、うれしくて最高に幸せなことのはずだ。しかし、義母は元気な体でいながら認知症という病で本来の人格が消えてしまった。反対に父は、しっかりした精神のまま同じように病で不自由な体になってしまった。両者とも、本人はとても辛かっただろう。それでも二人とも、それぞれにしっかりと〝生きぬく〟姿を私に見せてくれた。

父はよく、「こんな不自由な体になって、家族に迷惑ばかりかけるけん、お父さんは死にたかとよ。みんなの荷物になるばかりけん」と悔しそうに言っていた。

「自ら死を選べたらよかとに。でも、由美子が一生懸命仕事してるけん、お父さんが勝手なことをしたら迷惑がかかると思って、死にきれんやった……」

「なに言っているのよ！　お父さん」私は泣きそうになりながら、父をなだめた。

「でもね、由美子。こういう体になった人の気持ちは、実際になった者にしかわからんとよ」父は消えそうな声で言った。

「……うん、そうかもしれない。でも私たち家族は、お父さんが〝生きていてくれる〟

この存在だけで、本当にうれしくて幸せなのよ」私は心から、父にそう伝えた。

元気で〝生きる〟ことは、とても幸せなことだが、義母のように病んだ精神や、父のように不自由な体のまま〝生きぬく〟ということは、本当に大変なことだと思う。

そしてそれが、人生にとってどれほど大切なことであるか、私は二人から教わった。

エピローグ――由美子流「覚悟の介護」十箇条

介護家族のみなさんへ

義母を二十年介護している間、私がいちばん欲しかったのは「私の話を聞いてくれる相手と時間」だった。

現代《いま》なら、生活習慣病の介護方法や、認知症になったお年寄りの対応方法を教えてくれるところは、認知症の専門病院や役所の相談窓口などいろいろあるだろう。しかし私の時代は、そういった相談場所もまだ少なく、どうしたらいいのだろうと悩む間もなく次々にいろいろなことが起こり、迷っている暇がなかった。とにかく、目の前のことに対処していくだけで精一杯だった。

そして自宅で介護しているときは、世界中で自分一人が認知症患者と向き合っているようで、たまらない孤独感だった。

「だれか私と、三十分でいいからお茶を飲む相手をしてほしい」

「こんな生活をしている人はほかにいないの？　いっしょに話をしたい」

でも、どこに行って、だれに訴えたらいいのかわからなかった。

介護施設に入院するようになって、同じ境遇の家族のみなさんと言葉を交わすようになってから、やっと話し相手を見つけることができた。


ある日、父を看取った母が「由美子はようがんばったね」と言ってくれた。「私はお父さん（夫）の介護やったから、いろいろ文句が出るとつい喧嘩になることもあったと。でも、由美子は二十年間、ずっと言いたいことも飲み込んで、よう一生懸命やってきたたね」

そして、こう続けた。

「由美子は二十三歳で結婚してから二十年間、ずっと介護の日々やった。でもまだ四十代で若かけん、これから昌幸さんと二人の時間や自分のしたいことをする時間が、いっぱいあるけんね」

確かに私にはまだ、次のことをやる時間とエネルギーがある。

だから私は、認知症の介護をしている家族の人たちと、少しの時間でも話をしたり聞いたりして、同じような経験をした者がここにいることを教えてあげたい。

私は介護のプロではないし、心理学者でもない。

ただ、いまこそその貴重な経験を、かつての自分と同じように苦しんだり悩んだりしている人たちのために役立てたい。

それが、一度は〝死の覚悟〟をした私の思いである。

由美子流「覚悟の介護」十箇条

私は二十年間の義母の認知症介護で、多くの経験をして多くのことを学び、そのことを伝えることで、少しでも同じ経験をしている人たちの参考になればと願い、「由美子流『覚悟の介護』十箇条」をまとめました。

いままで書いてきたことと重複していますが、それを十のポイントに絞ってみました。

一、腹をくくる

現実から逃げずに、正面から問題にとりくむ。だれかのせいにしたり、ほかの人に任せたりせずに、きちんと自分で背負いこむ。いつまでも現実逃避をしていては、結局いつまでも辛い気持ちを引きずってしまう。

これが〝覚悟〟をする、ということ。

二、泣いても怒らない

悲しいことや辛いことが、あなたを襲うかもしれない。そんなときには、我慢せずに思いきり泣こう。涙を流すことで気持ちが和らいで、高ぶった心が落ち着くときがある。

悲しいことや辛いことをひたすらに堪えると、心が硬くなってどんどん頑《かたく》なになってしまうかもしれない。涙がこぼれそうなときは、自然に流せばよい。そうすれば、自然な自分を保つことができるだろう。

しかし、どんなに悲しくて辛くて泣いたとしても、決して相手を怒ってはいけない。怒りをぶつけることでは、何も解決しないのだから。

三、「私は、負けない！」

私はいつも自分に向かって「私は、負けない！」と声に出し、自らの気持ちを奮い立たせていた。

がんばってやっていた私でも、みなさんと同じようにメゲたり落ちこんだりすることはある。ときには、何もかもやる気がなくなったり、疲れて動けなくなったりした。そんなときは自分で自分にはっぱをかけるように、大きな声で「私は、負けない！」と言っていた。おまじないのようなものだが、言葉にすると自然に元気と勇気がわいてくる。

四、たくさんのチャンネルを持つ

私は、自分にいくつものチャンネルを持たせて、切り替えるようにしていた。

病院に行くときは「私はいまから看護師！」と割り切って、精一杯義母のお世話をした。しかし病院を一歩出たら「さあ、ここからはお母さんよ」と好きな音楽をかけて気持ちを切り替え、家事や育児を効率よく片づけた。ときには、「友人と話をする時間」を持って、家族のことを忘れてリフレッシュすることも。

こうしてたくさんのチャンネルを持って、その場に応じて切り替えれば、いたずらに気持ちを引きずることがない。チャンネルを切り替えたときは、その前の不安や心配事をしばし忘れて割り切って次のことに集中する。そうしないといつまでも、介護の不安や疲れをかかえたまま家族の世話をするようになり、全員で疲れ切ってしまう。

そして常に、笑顔を忘れないこと。どんなに忙しくても鏡で自分の顔を見て、苦しくても笑顔を作るようにする。チャンネルを切り替えたら、鏡で自分の笑顔をチェック！

五、持つプライド、捨てるプライド

どんなに苦しくても、「人間としてのプライド」や「女性としての自分」を持ち続ける。

決して投げやりになったり自暴自棄になったりせず、自分のプライドを持ち続けることが、ともすれば弱音を吐きそうになる自分を励ます。自分に自信を持つことで、あきらめずにがんばり続けることができる。

また、私の場合は疲れていても女性として、化粧などの身だしなみをきちんとするように心がけていた。それが自分自身に、誇りと自信と元気をもたらしていた。

逆に、意地っ張りのようなつまらないプライドは捨てる。とことんやってダメだったときは、ほかの方法にしたり、他人に任せたりして、方向転換することが必要。それは、決して〝逃げ〟ではない。家族で介護をしきれないときは、思いきって他（民間・行政）に任せる。そうしないと、家族みんなが疲れて、家庭が壊れてしまう。

六、相手に期待しすぎない

自分以外の相手に期待しすぎると、そうならなかったときに必要以上に失望してしまう。しかもがっかりするだけでなく、不満足な結果に怒りを表すこともある。

そうならないためにも、最初から他人《ひと》に頼らず自分で決断をして実行すれば、もしも思い通りにいかなくても相手を責めることがなく、「自分で決めたことだから」と割りきれる。

何ごとも「0（ゼロ）」からのスタートだと思い、周りから助けてもらうことを前提にせず、自分自身で積み重ねていく。

七、だれかのために生きる

自分の人生は自分だけのものでなく、ほかのだれかの役に立つために、この世に生を受けたと考える。そうすれば、「私は自分のやりたいことを我慢して、家族の犠牲になっている」と思うこともない。精一杯お世話することが、自分の人生のためでもある。

そうしてまた、自分も多くの人に支えられて生きてきたのだとわかる。

八、タイミングを見計らう

夫や子どもなど身近な家族でも、相手がいまどんな状態や気持ちなのか、タイミングを見計らうことは大切。同じことを伝える場合でも、相手の心に余裕があるときなら素直に聞いてもらえるし、相手が悲しんだり怒ったり焦ったりしているときは言葉が通じないだけでなく、かえって相手の心を荒らすことにもなりかねない。不必要な諍《いさか》いを起こさないためにも、タイミングをしっかり読む。タイミングさえ合えば、ときには相手からご褒美《ほうび》を引き出すことだってできる。

九、「ありがとう」「ごめんなさい」を言葉にする

「ありがとう」と「ごめんなさい」は、とても大切な言葉。お互いにわかっていると思っても、しっかり言葉にして伝えよう。身近な家族でも、きちんと言葉にすることによって、より強く確かな絆《きずな》を作ることができる。

認知症の人だから意味が通じないと思っても、「ありがとう」「ごめんなさい」はちゃんとわかっている。

十、「うれしさ、ありがたさ」

人生は、なんでも「うれしさ、ありがたさ」である。どんなことにも、感謝をしよう。たとえ辛いことがあっても、やがて人生の糧になり、きっと自分を成長させてくれる。

この十箇条が、「みなさんの介護」のヒントになれば幸いです。

文庫化に寄せて――介護する側のケアの大切さ

田舎に住む一人の女の子が上京し、無我夢中で走り抜けた十代だった。周りの人に支えられ、夢を掴むことができた。しかし、それは人生最高の理解者と出会うことで突然幕を閉じる。芸能界を引退し、妻となり母となり、そして姑の介護が始まった。介護生活は二十年に及んだが、姑が亡くなり十二年たった今、改めて気づくことがある。

人は病気（認知症）によって変わっていく。理解し受け入れるまでどれだけ時間がかかったことだろう。夫がそばで支えてくれても、一人で涙することはたくさんあった。

〝こんな生活がいつまで続くんだろう〟と、何度思ったかわからない。「一人で抱え込まないで、相談できる人を作っておいた方がいいよ」と周りの人に言いながら、私自身はそれができなかった。どんなことがあっても逃げていくところもなかったし、途中で投げ出すわけにもいかなかった。

そんなとき、私は弱気な自分をなんとかコントロールして乗り越えてきた。〝負けない〟って、いつも言葉にしながら姑と向き合った。

そんな私に姑は、ときおり「ありがとう」と言ってくれた。

私を必要とする人がいる。役に立つことがあったんだと気づいた。今日一日できる介護をやっていけばきっと終えられると信じていた。


姑が亡くなり、自分の経験を多くの方たちの前で話す機会に恵まれた。

話し終えると、聞きに来てくれた方たちが、「もう少しまたがんばります」と涙ながらにおっしゃいます。

みんな手を貸してというより、話を聞いてもらって「わかるよ」「がんばってるね」と言ってもらうことが大きな支えになっていると感じた。振り返れば、介護生活の真っただ中にいた私自身がそうだった。


それから〝介護している人たちの心のサポート〟が私のライフワークになった。

私が介護をしていたときから年月がたって、情報も増え、施設も増えた。しかし介護している人たちの心の不安は変わっていないように思う。患者さんへの治療は進んでも、介護している人たちの心のケアはされていない。

私はこれからも、自身の経験を通して、現在介護をされている方、これから介護に向き合う方、介護される方、介護にかかわるすべての人を少しでも支えていきたい。本書に記した私の経験が、そんな方たちに少しでもお役に立てば幸いです。

介護を終えたいま、「無駄なことは一つもなかった」と感じています。一日一日を大切に過ごし、途中で投げ出さずにやり終えて本当によかったと思う。やり終えなければ答えは出ないんですね。

二〇一五年七月吉日

荒木由美子

病名用語解説

※1　閉塞性動脈硬化症

主に手足の動脈に起こる動脈硬化症で、特に足に発生するケースが多くなっています。足の動脈硬化が進行すると、酸素と栄養の補給が不十分になるので、歩くだけで足が痛くなります。また、足から血の気がなくなり、白くなったり、紫色になるなど変色するケースもあります。重度になると、完全に血管がふさがって、組織が壊死《えし》する場合もあります。

※2　急性動脈閉塞症

血栓が血管をふさぐことで起こる病変で、特に足の動脈によく起こります。急激な痛みと、患部が冷たくなったり、蒼白《そうはく》になったりします。

※3　血栓

血管内で血液が凝固してできたかたまりのことで、このかたまりが血管をふさぎ、さまざまな症状を引き起こします。そのうち、脳の中の血管でできた血栓が脳の血管をふさいだものを脳血栓、脳以外の場所でできた血栓が、血管を流れてきて脳の血管をふさいだ状態を脳塞栓といいます。そして、脳血栓と脳塞栓を合わせて、脳梗塞といいます。

※4　糖尿病

人間が食べた食べ物のうち、菓子や果物などの糖分と米やパンなどの炭水化物は腸で吸収されて、血液などを通して全身に運ばれます。この血液中にふくまれた糖質を血糖といい、その血液中の濃度を血糖値といいます。血糖はエネルギー源として使われ、余分なものは肝臓に蓄えられます。

食べた食べ物が吸収されて血糖になるのですから、血糖は食後に増えます。食後に血糖量が増えると、膵臓《すいぞう》からインスリンというホルモンが分泌《ぶんぴつ》され、血液中の余分な糖質を処分して、血糖量を一定に保っています。しかし、極端に食べすぎたり、甘いものやアルコールを摂りすぎると、インスリンが足りなくなります。また、膵臓も働きすぎで疲れ果て、機能が低下して、十分にインスリンを分泌できなくなります。こうして、血糖量が慢性的に増えてしまった状態が糖尿病です。

糖尿病も初期のうちは自覚症状がありませんが、ある程度病気が進行すると、喉が渇く、甘い尿が出る、疲れやすいなどの症状が出てきます。しかも、糖尿病は動脈硬化を促進し、脳梗塞、狭心症、心筋梗塞、眼底出血などを引き起こす原因にもなります。

糖尿病の原因となる因子は炭水化物や甘いものの食べすぎ、運動不足、肥満、酒の飲みすぎ、ストレスの蓄積などですが、特に食べすぎと肥満が大きなウエイトを占めています。なお、遺伝的な要素で糖尿病になるケース、ウイルスの感染で膵臓炎を起こして糖尿病になるケースもあります。

※5　心臓肥大（心肥大）

心臓（心筋）は、運動しているときだけ働く上肢や下肢の筋肉（骨格筋）とは違い、一日中休みなく働いている筋肉です。ところが、高血圧になると、心臓はより強く収縮して血液を送り出そうとし、それに対応して、しだいに心筋が肥大していくことになります。

軽い高血圧による軽度の心肥大であるうちは問題はありませんが、心臓の負担があまりに大きくなり、心臓が適応できる限度を超えると、心不全を引き起こすことになります。心不全は、心臓の機能が低下して、全身に必要な血液を送り出せなくなる病気です。

なお、心臓の弁が十分に開かなくなる大動脈弁狭窄症《きょうさくしょう》によって、またハードな運動を続けることによって、心肥大が引き起こされる場合もあります。

※6　成人病（生活習慣病）

あらゆるガン、脳出血、脳梗塞、狭心症、心筋梗塞、高血圧症、動脈硬化症、糖尿病、高脂血症、痛風、骨粗鬆症《こつそしょうしょう》など、生活習慣がなんらかの影響を及ぼしている病気の総称です。

長年「成人病」と呼ばれてきましたが、小学生でもこれらの病気にかかるケースが出てきたことと、食べすぎ、運動不足、肥満、飲酒、喫煙、精神的なストレスの蓄積など、長年の生活習慣によって引き起こされる面が強いため、現在では「生活習慣病」と呼ばれています。

※7　切迫流産

流産の危険が差し迫っている状態を、切迫流産といい、その半数は実際に流産します。

※8　認知症

アルツハイマー型認知症と、脳血管性認知症に大別されます。脳血管性認知症は脳梗塞や脳出血で脳の神経細胞の一部が死んだことによって引き起こされるもので、軽い発作を繰り返すたびに症状が悪化します。一方、アルツハイマー型認知症は、アミロイドというタンパク質の蓄積が関係しているのではないかといわれていますが、原因はまだ十分に解明されてはいません。

認知症の主要な症状は、覚えていたことを忘れる記憶力の障害、新しいことを覚えられない記銘力の障害、いまがいつで、ここがどこなのか見当がつかなくなる見当識《けんとうしき》障害、簡単な計算もできなくなる計算力障害などです。

※9　まだら呆け（まだら痴呆）

全体的に認知症の症状が出るのではなく、部分的に認知症の症状が現れる状態で、アルツハイマー型より、脳血管性認知症によく見受けられます。

※10　徘徊

認知症になると、記憶力や記銘力がなくなるなどの主症状のほかに、異常な行動をとって介護をする人たちに大きな負担をかけるケースも少なくありません。その代表が徘徊で、家の中をウロウロ歩き回ったり、外を当てもなく歩き回ったりします。また、便をいじるなどの不潔な行為が癖になるケースもあります。

また、被害妄想が起きて、お金を盗まれたと言って騒いだり、幻覚が起きて、現実にはいない人をいると主張したり、恐ろしいものを見たと騒ぎ立て、周囲の人を悩ませる場合もあります。

※11　自律神経失調症

自律神経は内臓の働き、血管の収縮と拡張、体温などを調節しています。自律神経は交感神経と副交感神経に分かれ、この両者が拮抗して働くことによって、体の内部の環境を整えています。

自律神経失調症の症状は多彩で、主要な症状だけでも頭痛、肩こり、めまい、耳鳴り、不眠、動悸、息切れ、食欲不振、吐き気、全身の倦怠感、熱感、冷え性などがあり、これらのほかにもさまざまな症状が現れます。

※12　悪性腫瘍

人間の体にはたくさんの細胞がありますが、正常な細胞はほかの細胞と協調して働いていますが、ときによって体全体のバランスを無視して自分勝手に無制限に増殖していく細胞が発生することがあります。この体のチームワークを壊す細胞のかたまりを、腫瘍といいます。そのうち、転移を起こさない腫瘍を良性腫瘍、転移を起こすものを悪性腫瘍といい、悪性腫瘍をひっくるめてガンと呼んでいます。

※13 悪性黒色腫《こくしょくしゅ》

悪性黒色腫は、皮膚の色素であるメラニンを作る皮膚の細胞がガン化するものです。悪性黒色腫（メラノーマ）のおよそ七〇％は正常な皮膚にでき、三〇％は母斑《ぼはん》（色素性母斑）その他外観の異なる病変部に現れます。まれに、青色の母斑や巨大な母斑などのあざが悪性黒色腫（メラノーマ）になることがあります。腫瘍は急速に成長してまず隣接する皮膚に広がります。この時点ではまだ治癒の可能性は高いです。後に、皮膚の深部やその他の内部組織や内臓に広がります（転移）。この段階になると治癒率はぐっと低くなります。

悪性黒色腫は皮膚ガンのうちでももっとも恐ろしいものです。しかしまたもっともまれなものでもあります。アメリカでは一九九〇年におよそ三万五千例の悪性黒色腫が発生しており、ガンの種類としてはその年ではもっとも多いものとなりました。悪性黒色腫（メラノーマ）は三十五歳以下の女性ではもっとも多いガンとなっています。

本書は二〇〇四年四月、ぶんか社から発売された『覚悟の介護』に加筆・修正したものです。

文芸社文庫

介護のミ・カ・タ。 経験から学んだ「介護十箇条」

二〇一五年八月十五日　初版第一刷発行

著者　荒木由美子
発行者　瓜谷綱延
発行所　株式会社　文芸社
〒一六〇-〇〇二二
東京都新宿区新宿一-一〇-一
電話　〇三-五三六九-三〇六〇（編集）
〇三-五三六九-二二九九（販売）

印刷所　図書印刷株式会社
装幀者　三村淳

ISBN978-4-286-16831-9